Der Mann, den die Sonnengötter geschaffen haben

Gardner F. Fox

Writat

Diese Ausgabe erschien im Jahr 2023

ISBN: 9789359944852

Herausgegeben von
Writat
E-Mail: info@writat.com

DER MANN, DEN DIE SONNENGÖTTER GEMACHT HABEN

Von GARDNER F. FOX

Tyr stand auf dem warmen weißen Sand und streckte sich. Die heißen gelben Sonnenstrahlen spielten über seine gerippte Brust und die Muskeln seiner langen Beine und dicken Arme. Tyr lächelte. Es war gut, am Leben zu sein, auch wenn er ein Gott war.

Er fragte sich, wann sie wiederkommen würden, um ihn anzubeten, und den bittersüßen Klang der *Suota* -Hörner über die silbernen Wüsten und blauen Seen von Lyallar senden würden . Er hoffte, dass es bald soweit sein würde, denn er hatte sich gegen seinen Willen daran gewöhnt, gern auf dem Rubinthron zu sitzen. Von seinem Standpunkt aus konnte er die nach oben gerichteten Gesichter seines Volkes erkennen und über die gewölbte Weite der Lord Chamber blicken. Sogar das Rattengesicht von Otho gefiel ihm in solchen Momenten, denn das wundersam schöne Gesicht von Fay lächelte ihn mit roten Lippen an. Tyr gab Fay viele Geschenke aus den Schätzen, die die Lyallar über ihn häuften. Und immer schien es, als hätte sie Lust auf mehr, ihre braunen Augen flackerten wie die eines gierigen Kindes.

Tyr breitete seine Arme aus und spürte, wie sich Millionen winziger Nervenenden in seiner Haut öffneten, um die Energie aufzunehmen, die aus der gigantischen Feuerkugel am Himmel strömte, die für den Planeten Lyallar die Sonne war . Tyr aß nichts und atmete keine Luft. Alles, was er zum Leben brauchte, bekam er von der Sonne.

Als die Energie in ihn einströmte und ihn in jeder Faser seines Körpers kribbeln ließ, spürte Tyr erneut die Wirkung dieser Energie auf sein Gehirn. Es war, als ob die Kraft, von der er sich ernährte, so groß war, dass sie die tieferen Räume seines Geistes öffnete, sodass jedes Problem überhaupt kein Problem war – solange der Moment andauerte.

In einem solchen Moment hatte er den Steinturm gefunden. Habe es auf den ersten Kilometern gesehen, wie es einsam und kahl auf dem silbernen Sand stand. Aus bräunlichem Fels gebaut, rund wie ein Baumstamm, war es etwas Neues für ihn, der alle seltsamen Orte dieses Planeten erkundet hatte. Tyr war darauf gerannt und stellte seine flinken Füße auf die Probe. Er hätte ein Dutzend Geparden nacheinander vertreiben können, Tyr. Er war mehr als schnell. Er war unmenschlich.

Bei all der Energie, die ihn durchströmte, ließ sich das Schloss leicht brechen. Er nahm es einfach in seine großen Hände und seine Muskeln zogen sich und wölbten sich, und das schuppige rote Metall des Schlosses brach. Mit der flachen Hand stieß er die Tür auf und ging hinein. Drinnen war es dunkel und kühl, und zunächst gefiel es Tyr nicht.

Überall um ihn herum befanden sich seltsame Gegenstände, manche aus Glas, manche aus Metall. Hier waren Kurven und Kegel und vibrierende Stäbe von der Dicke eines kleinen Männerfingers. Und Bücher! Selbst in den Bibliotheken der Trylla gab es keine solchen Bücher . Er nahm eines davon herunter, blätterte darin und stellte fest, dass sein Verstand es verstand und wusste, was diese Begriffe und Symbole bedeuteten, ohne darüber nachzudenken. Sein Verstand machte Tyr manchmal Angst. Es war fast kein Teil von ihm. Es war, als hätten alle Männer und Frauen, die seine Vorfahren gewesen waren, ein wenig von sich selbst in seiner Zusammensetzung hinterlassen, damit ihr Wissen und ihre Erfahrung ihre Nachkommen leiten könnten.

Viele Stunden verbrachte Tyr an diesem seltsamen Ort. Es war eine Abwechslung zu den Wüsten und dem Rubinthron. Allmählich, im Laufe der Jahre, stellte er fest, dass er sich durch die Bücher und die Glas- und Metallgegenstände eine Ausbildung aneignete –

Suu- ohhh - taaaa !

Die Klartöne klangen süß und klar. Sie richteten Tyr auf, wobei der seltsame Ring, der an seinen Hals gekettet war, auf seiner Brust hüpfte. Er blickte zum trüben Horizont, wo Yawarta stand , die Stadt des Rubinthrons.

Dies war der Ruf an den Gott der Lyallar . Tyr lief mühelos, wie eine perfekte Maschine, die niemals müde wird. Über den weißen Sand und durch den unheimlichen Wald, in dem alle Bäume wie Eisflocken aussahen, silberweiß in der Sonne. Tief im Herzen des Waldes lag ein azurblauer Teich, dessen Blau einen verblüffenden Kontrast zum Silber des Waldes bildete.

Die Türme von Yawarta waren schlank und dunkel hinter den grasbewachsenen Feldern. Wie Blutstropfen auf einem Satinkissen brüteten sie und erinnerten die Tryllaner daran, dass sie Sklaven der *Ardth waren* , die weit jenseits des nächsten Sterns lebten.

Ein Mädchen stand vor einer goldenen Tür, die bündig mit dem Hang abschloss.

„Fay!"

„Sprich nicht über dein Leben!" sie wimmerte.

Sie standen schweigend da und atmeten leise. Dann hörte Tyr die Stimmen, raue Stimmen, in denen die Tryllaner in musikalischen Silben sprachen.

„Der *Ardth*! Sie sind zurückgekehrt?"

„Ja. Sie schwören, dich zu töten, Tyr. Sie jagen dich jetzt, entlang der Tunnel bis zur Tür."

Tyr bückte sich und schwang das Mädchen grinsend hoch auf seine Brust. „Sie werden Tyr niemals fangen."

Tyr begann zu rennen. Seine Beine verschwammen mit der Geschwindigkeit seiner Bewegung. Er ging den grasbewachsenen Hang entlang und wieder hinunter und rannte dann frei über die Ebene. Er hörte Fays Keuchen, als ihr sein Tempo bewusst wurde. Sie vergrub ihren Kopf an seiner Schulter, um zu atmen, und ihr gelbes Haar peitschte und brannte in seinem Gesicht, als der Wind es hin und her warf.

Vier Stunden lang lief Tyr, ohne zu atmen. Als er das Mädchen nach unten schwang, war er so gefasst, als hätte er sich drei Meter weit bewegt. Fay starrte ihn mit warmen braunen Augen an.

„Du bist wirklich ein Gott, Tyr. Nur ein Gott könnte ohne Anstrengung rennen."

„Kein Gott. Nur – nur –"

Er blieb stehen. Er hatte kein Wort, um sich selbst zu beschreiben. Die Trylla auch nicht , außer „Gott". So Gott war er geworden, unfreiwillig; Dennoch war er sich vage bewusst, dass er unter den Menschen einzigartig war, dass er allein dastand.

„Wir sind hier weit entfernt von den Alten, den *Ardth* ", sagte er. „Es wäre einfach, hier in der Wüste zu verweilen, bis sie weg sind."

Fay bewegte sich unruhig und sagte: „Ich möchte nicht in der Wüste bleiben. Es sind karge Orte. Keine Menschen, kein Lachen."

„Ich mache dir keine Vorwürfe. Es muss etwas geben, was ich tun kann."

Er rieb mit seinen Händen das weiche weiße Fell, das seine Hüften umgab. Eine heiße Wut stieg in ihm auf und ließ seine Nasenflügel blähen. Die Alten! Sie waren nach Lyallar zurückgekehrt , wo Tyr herrschte! Die Herren der Planeten und der Weiten des Weltraums waren zurückgekehrt. Er war einer, und die *Ardth* waren viele. Als Einzelner konnte ihn nichts jemals besiegen. Aber eins gegen ein Rennen! Er schüttelte den Kopf.

„Du könntest gegen sie kämpfen, Tyr. Du bist ein Gott. Was können die Alten mit dir machen? ."

Das stimmte. Doch er sagte ihr nicht, dass seine eigene unheimliche Geschwindigkeit ihn rettete. Es hatte keinen Sinn, das Schicksal auf die Probe zu stellen, indem man sich von einer Waffe treffen ließ. Er hatte das subtile Wissen, dass er gegen bestimmte Arten von Raketen immun sein könnte, war sich aber nicht sicher.

„Du könntest nach Yawarta gehen und sie alle töten, Tyr", sagte das Mädchen leise und beobachtete ihn aufmerksam mit ihren braunen Augen. „Dann könnten wir zu den alten Zeiten zurückkehren. Du könntest mir die Smaragdkette geben, die ich will."

Tyr wunderte sich über die Gier in den braunen Augen. Es störte ihn. Aber es beunruhigte ihn nicht so sehr wie die Gedanken der Alten. Der Gedanke daran löste in ihm eine Sehnsucht nach dem Kampf aus, die rot und nebelartig in seiner großen Brust aufstieg. Wie kann man die Hitze in ihm erkennen, wo seine Eingeweide sein sollten, es aber nicht waren, die sein Herz vor Wut höher schlagen ließ? Doch trotz seiner Wut war er wachsam und vorsichtig wie eine schleichende Katze. Er konnte Fay das nicht sagen; Sie wollte, dass er unbewaffnet nach Yawarta ging und den *Erdboden* mit einer Art übernatürlicher Kraft bombardierte.

Er lief im weißen Sand umher und brütete über seinen sich bewegenden Füßen. Er suchte in seinem Kopf nach den Worten, stolperte und stockte.

„Fay, die Trylla haben aus mir einen Gott gemacht. Jetzt weiß ich, dass ich kein Gott bin. Ich bin jedenfalls kein Gott, wie die Legenden der Tryllan-Kulte erzählen. Ich bin nur ein Mann. Ein Mensch, Wer ist so etwas wie ein Freak?

Auf dem roten Mund des Mädchens lag ein geduldiges Lächeln. Sie schüttelte den Kopf und das weiche gelbe Haar fiel ihr um die nackten Schultern.

„Darüber haben wir schon einmal gesprochen, Tyr. Du sagst immer, dass du kein Gott bist, und dann drehst du dich um und tust, was nur ein Gott tun kann."

Tyr seufzte. „Vielleicht bin ich ein Gott. Vielleicht erwarte ich, dass ein Gott zu viel ist. Aber darum geht es nicht genau. Es geht darum: Die Trylla nennen mich Gott , egal wie ich mich nenne. Deshalb muss ich wie ein Gott handeln, um ihretwillen."

Fay nickte, ihre braunen Augen waren auf ihn gerichtet.

Tyr sagte langsam: „Ein Gott würde nicht zulassen, dass Unterdrücker sein Volk belästigen, oder, Fay?"

„Das ist genau das, was ich gesagt habe. Du musst nach Yawarta gehen und töten und töten –“

„Nein. Nein, ich glaube nicht, dass ein Gott das tun würde.“

Fay runzelte leicht die Stirn. Sie trat gegen einen Sandklumpen und sah zu, wie er auseinanderflog. Sie fuhr mit einem Finger durch ihr dichtes gelbes Haar und zwirbelte es.

„ Natürlich haben Sie möglicherweise recht“, sagte sie säuerlich. „Ich kenne mich nicht mit Göttern aus.“

„Ich auch nicht“, blickte Tyr finster. „Aber in meinem Herzen sagt etwas, dass es einen anderen Weg gibt. Wenn ich die *Ardth davon überzeugen kann* , dass ich sie besiegen und auf irgendeine Weise zerschlagen könnte – was wäre dann der Triumph eines Gottes?“

„Das könnte lange dauern. Ich hätte diese Smaragdkette sehr gerne. Otho sagte, sie sei vor zweitausend Jahren von Königin Yatha-sath getragen worden. Bitte, Tyr?“

Sie kam ihm nahe, duftete Wärme und weiche, weiße Haut. Ihr Mund war sehr rot. Aber Tyr blickte stirnrunzelnd weg.

„Die Alten beziehen ihre Kräfte aus einer Sache namens Wissenschaft“, sagte er langsam. „ So steht es in einem Buch im Turm. Wenn ich diese Wissenschaft erlernen könnte, könnte ich sie vielleicht mit ihren eigenen Waffen besiegen. Aber das würde lange dauern. Viele Jahre.“

Er starrte in die Sonne und lächelte sanft, während er spürte, wie die heißen Strahlen seine Brust, Arme und Oberschenkel durchfluteten. Wie Luftblasen, die durch Wasser aufsteigen, spürte er die schlummernde Kraft seiner Muskeln. Er hatte Kraft. Ein starker Mann kann mit seinen Händen und mit seinen Beinen kämpfen. Er würde kämpfen.

Er wandte sich scharf an Fay und fragte: „Was ist der Hügelgrab, den die Trylla oft erwähnen? Wo ist er?“

„Der Hügelgrab ist der Stolz der Trylla . Ohne ihn gäbe es keine Hoffnung.“

„Ja, ja. Ich weiß. Aber was *ist* das?“

„Es ist der verborgene Ort, an dem alle Kriegsgeheimnisse der Rasse aufbewahrt werden. Als die letzte Invasion der Alten vor fast hundert Jahren stattfand, wurde das gesamte angesammelte Wissen der besiegten Tryllaner weggesperrt, damit die Alten es nicht zerstören. “ Es."

„Könnten Sie den Hügelgrab finden?“

Fay schauderte. Tyr sah sie an, sah, wie sich ihre Finger durch ihr gelbes Haar bewegten, und beobachtete mit sanftem Lächeln, wie weiße Zähne an der roten Lippe knabberten. Er streckte seine großen Hände aus und hielt ihre Arme.

„Ich bitte um die Trylla ."

„Ich – ich weiß. Ich kann den Hügelgrab finden." Ihr Kinn hob sich trotzig. „Welchen Nutzen haben alte Legenden, wenn sie diejenigen, die sie hören, zu Schwächlingen und Feiglingen machen? Besser – tapfer sterben, als sich wie der *Tabbug* beim ersten Schrei der Jagdkatze zu verstecken!"

Tyr grinste sie an und fragte sich, ob sie ihren eigenen Worten glaubte. Sie war so liebenswert, so kindisch gierig nach schönen Dingen, so – er runzelte bei dem Gedanken die Stirn – so unbewusst egoistisch, in ihre eigenen Interessen verstrickt, dass abstrakte Begriffe wie Tapferkeit und Feigheit ihrer Zunge fremd vorkamen. Ihre braunen Augen flirteten unter ihren langen Wimpern zu ihm hervor und fingen sein warmes Grinsen auf.

Sie murmelte mürrisch: „Das Hügelgrab ist fünf Tagesreisen von der Wüste der Toten entfernt, und das liegt zwei Tagesreisen von hier entfernt."

"So nah?"

„Ein Großteil der Reise führt durch schreckliche Wüsten, der Rest über unüberwindbare Bergbarrieren. Das Hügelgrab liegt auf dem höchsten Berg der Welt."

„Das macht es für die Alten so viel schwieriger, es zu finden", sagte Tyr.

„Die Alten können fliegen. Die Trylla müssen laufen. Unsere Einschienenbahnen verkehren nur in den Städten. Oh, Tyr, der einzige Weg, wie du gewinnen kannst, besteht darin, in die Kammern von Yawarta zu gehen und den führenden *Bezirk zu zerstören* . Das kannst du nicht anders Weg!"

„Wenn Harl der Alte noch lebt", träumte Tyr, „könnte er mir beim Kampf helfen. Er war der größte der Tryllan- Krieger. Es gibt Gerüchte, dass er tatsächlich lebt, im Hügelgrab. Deshalb muss ich es finden. Ich brauche Harl ."

Das Mädchen knabberte mürrisch an ihrem roten Mund und sagte: „Ich verstehe nicht, warum du nicht tust, was ich sage. Auf diese Weise kommst du schneller an die Macht. Wir müssten den Ruhm nicht mit Harl teilen." ."

„Die *Ardth* sind keine Bowlingkegel, die beim Schwingen eines Arms umfallen, Fay. Sie sind gefährliche Männer. Weise Männer mit genug Wildheit im Blut, um sie bösartig zu machen."

Tyr wusste, dass er niemals hoffen konnte, lebend in die geheimen Kammern des *Ardth zu gelangen* . Er kannte seine Grenzen. Er war gewissermaßen ein Mensch. Er blutete bei Schnittwunden und schmerzte bei Prellungen. Und die *Erde* –

Die *Ardth* waren eine seltsame Rasse. Sie waren Nomaden, die in großen Schiffen über die Spuren der Sterne zogen und eine Brücke des Weltraums von Planet zu Planet überspannten. Sie waren nie lange glücklich und wurden von einer krebsartigen Unruhe gefressen, die sie immer weiter trieb, bis zu den äußersten Rändern der Galaxien, immer auf der Jagd.

Sie hatten auch Heimatplaneten, aber sie waren selten zu Hause. Stattdessen beschlossen sie, sich in Metallschiffen einzuschließen und sich zwischen die Sonnen zu stürzen. Anstelle von grünem Gras und Bäumen blickten ihre Fenster auf Schwärze, die nur durch funkelnde Punkte, die Sterne waren, und stetig leuchtende Nadelstiche, die unerforschte Planeten waren, aufgehellt wurde.

Vor fünfhundert Jahren waren sie nach Lyallar gekommen . Die Tryllaner , damals ein großes Volk, hatten sie erbittert bekämpft und vertrieben. Dreihundert Jahre später kamen sie wieder; Diesmal kamen sie, um in den Krieg zu ziehen. Dieser Krieg dauerte zweiundsiebzig Jahre und am Ende waren die Tryllans ein zerbrochenes Volk. Und dieses Mal blieben die Alten, oder besser gesagt, ihre Städte blieben – und das Leuchten.

Niemand wusste wirklich, was das Leuchten war. Es machte die Alten mächtig und wurde von ihnen ebenso streng bewacht wie das Hügelgrab von den Trylla . Ohne das Leuchten wären die *Ardth nichts*. Sie versteckten das Leuchten tief in ihrer größten Stadt, die sie Mart nannten.

„Wenn wir nach Mart gehen und diesen Glow finden könnten", sagte Tyr abrupt, aus seinen tiefen Gedanken gerissen.

Fay lachte bitter. „Den Barrow kann man finden, indem man bergab rollt, im Vergleich dazu, den Glow zu finden und ihn zu benutzen."

Tyr grunzte. Es war hart, ein Gott zu sein.

Manchmal wünschte er, er wäre wie andere Menschen, denn dann hätte er kein Volk mehr, das er beschützen müsste, keine Alten, die er für eine Rasse kämpfen müsste, die von ihm Führung erwartete. Oft hatte er gedacht, die Alten könnten Götter sein, aber er wusste, dass keiner von ihnen das tun konnte, was er konnte.

Seine Göttlichkeit veranlasste ihn zu sagen: „Lasst uns das Hügelgrab und Harl finden ."

„ Harl ist alt, sehr alt“, antwortete das Mädchen. „Er ist so alt, dass er jetzt ein tollpatschiger Oberbeleuchter sein muss.“

„Aber sein Gehirn wäre jung“, argumentierte Tyr. „Und es ist das Gehirn, das auf den Krieg trainiert ist und das ich um Hilfe bitte.“

Das Mädchen saß auf einem Felsen, öffnete eine Sandale und schüttelte Sand davon. Sie zuckte gereizt mit den Schultern und schnürte ihre Sandale. „Müssen wir jetzt gehen? Es ist fast Nacht.“

Tyr blickte auf die tief am Horizont stehende Sonne. Tyr reiste nicht gern nachts. Er bevorzugte den heißen Tag, an dem die Sonnenstrahlen mit anhaltender Hitze auf seine gebräunte Brust und Schultern schlugen. Aber es war Eile geboten. Die Alten machten vor der Dunkelheit nicht halt, und er würde es auch nicht tun.

„Komm“, sagte er kurz.

Der Weg war zunächst einfach. Im roten Licht der untergehenden Sonne sahen sie den Sand vor sich, jede Erhebung und Senke wurde von den Winden, die Tag und Nacht über die Ödnis peitschten, zu anmutigen Kurven geformt. Sie gingen leichtfüßig und schnell vor.

Langsam tauchten die Sterne am dunkler werdenden Himmel über ihnen auf. Und wie es bei Reisenden auf der ganzen Welt so ist, wurden sie in unausgesprochenen Gedanken stiller und vertrauter. Ein- oder zweimal berührte Fays Hand die von Tyr und er half ihr über die höheren Dünen.

Auf einem harten Sandwirbel standen sie dicht beieinander. Fay flüsterte: „All diese Sterne, Tyr. Man könnte meinen, die Alten wären mit so vielen zufrieden. Vielleicht lassen sie Lyallar in Ruhe!“

Tyr war überrascht über die Emotionen in ihm. Es war fast eine Sympathie mit den nomadischen Unterdrückern.

„Sie sind neugierig. Ich selbst habe sie. Ich habe in jeder Wüste gelebt, die Lyallar vorweisen kann, und doch bin ich immer auf der Suche nach einer größeren und heißeren. Vielleicht sind die Alten so.“

Er sah auf das Mädchen herab und lächelte wehmütig über die blasse Schönheit ihres Haares und das warme Braun ihrer Augen. Er zitterte, als er sie beobachtete. Er wünschte sich so sehr, Fay mitzunehmen und mit ihr in die Wüste zu gehen, weg von allem, was nach Göttlichkeit roch. Sie könnten zum Turm gehen und dort sicher leben. Der *Ardth* würde ihn dort nicht finden. Es würde niemanden geben, der ihm „Ja“ oder „Nein“ sagen würde . Wenn – er wäre ein Gott!

Tyr seufzte und wandte sich von Fays rotem Mund ab und blickte über die endlosen Dünen hinaus. Eine innere Stimme flüsterte: *„Die Trylla brauchen* *dich, Tyr.*" *Du bist ihr Gott, und ein Gott rennt nicht weg. Wann wird ein Gott mehr gebraucht als in Zeiten der Not? Du kannst sie nicht verlassen, denn sie sind wie Kinder. Du musst kämpfen.* Er nickte grimmig in der Dunkelheit.

Seite an Seite gingen sie durch die Nacht. Und nun trennten sie sich voneinander, als wäre die Entscheidung ein endgültiger Abschied. Worte waren unnötig. Die Trylla brauchten Tyr.

Im Morgengrauen sahen sie die anderen müde über eine entfernte Sandbank stapfen. Tyr schrie und winkte und rief sie herbei. Sie kamen mit abgestumpften Gliedmaßen, in zerrissenen Kleidern und mit Schmutzflecken und -streifen auf ausgemergelten Gesichtern. Sie standen vor ihm, und in ihren Augen lag der trübe Glanz der Verzweiflung und in ihren Stimmen die mürrische Akzeptanz ihres Schicksals.

„Wir sind geflohen, nachdem wir die *Ardth* -Schiffe kommen sahen."

„Aber sie werden uns finden. Wir wollen nur noch ein paar Tage Freiheit."

„Ganz Yawarta ist für sie gefangen. Sie haben Otho zum Gouverneur ernannt und Zarman , den Sie zum Herrscher ernannt haben, in die Zellen geworfen."

„Und sie haben befohlen, dass du ihnen sofort zurückgegeben werden sollst. Sie haben Belohnungen ausgesetzt."

Tyr grinste freudlos und schüttelte seinen gelbbraunen Kopf. Eine Rückkehr bedeutete Folter, möglicherweise den Tod. Wenn die Alten genug von ihm hielten, würden sie ihn vielleicht an das Leuchten verfüttern.

Er sagte: „Fay und ich sind auf dem Weg zum Hügelgrab. Wir werden Harl finden und ihn rufen, um neue Armeen gegen die *Ardth anzuführen* . Schließen Sie sich uns an. Wir werden gewinnen."

„Wir können nicht gewinnen ... allein."

Sie sahen ihn aus trüben Augen an, in denen winzige Flammen der Hoffnung zum Leben erwachten und flackerten und dann erloschen. Sie scharrten mit den Füßen. Sie sahen müde genug aus, um zu fallen, und die nackten Sohlen mehrerer blutender roter Tropfen fielen in den Sand.

„Schlaf", sagte Tyr sanft. „Du brauchst Ruhe. Die Morgendämmerung naht und ich kann im Sonnenlicht weitergehen, um den Weg vor uns zu überblicken."

Er zog Fay mit sich über den Kamm einer Düne. Seine Finger hoben sich und berührten den Reif aus mattem Gold, der an der Kette um seinen Hals glänzte. Langsam öffnete er es, während Fay zusah und starrte. Der Ring war ein Teil von ihm, denn er hatte ihn getragen, seit er denken konnte. Jetzt wollte er, dass Fay es trug. Es verletzte seine Rippen, wenn er rannte, oder prallte auf seinen Rücken und gegen seinen Kiefer. Aber darüber hinaus kannte jeder Tryllan diesen Ring. In Fays Händen wäre es ein Symbol der Macht.

„Benutze es gut", sagte er und schloss ihre weißen Finger darum.

Ihre braunen Augen waren weit aufgerissen und sahen zu ihm auf. Tyr streckte seine Hände aus und umfasste ihre Arme über ihren Ellbogen. Er hielt sie einen langen Moment lang so fest und betrachtete einfach ihre Schönheit.

Und dann drehte er sich um und rannte schnell, damit der gedämpfte Donner seines Blutes nicht die Vorsätze zunichtemachen würde, die sein Gehirn so fest zusammengeschweißt hatte.

II

Sand rutschte hinter ihm weg, während der Wind den Pfeil in seinem Flug berührte. Die Luft auf seiner Brust und auf den kräftigen Oberschenkeln, die beim Laufen voller Muskeln waren, war kühl. Die Sonne brannte auf ihn und ließ ihn in ihrer Wärme zurück. Er wurde stark und kraftvoll, während die Zellen seiner Haut Energie saugten.

Lauf, Tyr. Laufen Sie schneller und noch schneller, damit die Gedanken, die in Ihrem Gehirn wimmeln, hinter sich gelassen werden. Du bist ein Gott und ein Mädchen namens Fay ist nichts für dich. Du hast nur die *Ardth*-Männer, Tyr. Sie sind deine Feinde, und sie müssen besiegt werden!

Aber wie? Aber wie? Sein Gehirn heulte vor Verzweiflung. Es sind so viele. Sie kennen sich in den Wissenschaften aus und haben Waffen. Du hast zwei bloße Hände und einen starken Körper, einen seltsamen Körper, einen Körper, der dir manchmal Angst macht, er ist so anders.

Vor ihm grub sich etwas in den Sand und explodierte. Tyr wich wie ein verängstigter Faun aus und blieb stehen. Etwas näher an ihm explodierte etwas anderes. Harte Sandkörner brannten in seinem Fleisch.

Dann sah er sie am Himmel. Drei schlanke Flugzeuge mit kurzen Flügeln und einem langen Rumpf, aus dem winzige rote Schimmer hervorschossen.

Der *Ardth*!

Tyr zog seine Hände über seine Rippen und verzog die Lippen. Bei dem Gott, der er sein sollte! Er würde ihnen ein Rennen zeigen, selbst wenn sie fliegen könnten und er nur rennen könnte.

Die Sonne war heiß und sengend. Gut! Es war sein Verbündeter, diese riesige Kugel. Obwohl es schien, konnten sie ihn nicht fangen.

Tyr rannte.

Sein Tempo war verschwommen. Sein Flug war der des *Kala*-Vogels, der vor dem Falken pfiff. Er wich aus und schoss davon, und er machte die Männer in den glänzenden Dingern über und hinter ihm lächerlich. Es war unglaublich, was er getan hat, aber Tyr war ein unglaubliches Wesen. Die Regeln wurden nicht für ihn gemacht, denn wer die Regeln machte, wusste nichts von Tyr. Er überholte diese Flugzeuge.

Den ganzen Tag, während die Sonne auf ihn schien, flog Tyr. Vage erkannte er, dass er ein lebendiges, funktionierendes Wesen aus Energie war – nicht reine Energie, sondern Energie, die in menschliche Kraft umgewandelt wurde.

Dennoch war er ein Mensch und die Flieger waren Maschinen. Er verlor sie zwischen den Felsen, aber das Flugzeug breitete sich in immer größeren Kreisen aus und einer von ihnen fand ihn wieder. Und so rannte Tyr weiter. Gegen Ende des Tages stolperte er ein- oder zweimal . Das Donnern der Düsenflugzeuge war laut in seinen Ohren. Sie flogen tief und warfen lange Schatten vor sich.

Es gab keine Explosionen mehr. Diese hatten aufgehört, als er sein verrücktes Rennen begann. Er dachte: „Wenigstens sind Fay und die anderen in Sicherheit.“ Ich habe die *Ardth* weit von ihnen weggeführt.' Die Muskeln in seinen Beinen verhärteten sich und verkrampften sich. Sie wurden schwer und träge.

Tyr taumelte.

Die Flugzeuge waren gelandet und die Männer kamen, um ihn zu holen. Die Sterne und Balken auf ihren Jacken wurden immer größer, während er dastand und wartete. Seine Brust kräuselte sich vor Schweiß und seine langen Arme hingen schlaff auf beiden Seiten seines riesigen Körpers herab.

Er konnte hier kämpfen und sterben, während der Mond vor ihm aufging und die Wildnis seines Laufs hinter ihm lag. Sein Körper ließ die Energie wieder durch sein System strömen und seine Muskeln wurden weniger schwer.

„Bei Kagan!" „Fluch der erste *Ardth*-Mann und starrte ihn mit großen Augen über die Mündung einer erhobenen Waffe hinweg an. „Wer bist du, Mann? *Was* bist du?"

„Er ist ihr Gott", krächzte ein anderer und musterte Tyr mit wissenden Augen.

„Kein Wunder", grunzte der Dritte und steckte seine Waffe weg. „Ein Gott wie er würde mich unter seinen Anbetern finden! Sie werden uns auf Rigel-7 niemals glauben!"

„Gibst du nach?" fragte der Erste.

Aus der Nähe wirkten sie nicht so beängstigend. Sie waren wie Tyr. Es waren Männer, kleiner als er, aber Männer. Er könnte sie alle hier und jetzt töten, aber –

Dingen zu sehen . Vielleicht könnte er mit ihrem Kommandanten reden und einen Kompromiss schließen. Er würde alles tun, um die Trylla zu retten . Fay und die anderen waren in Sicherheit. Lass sie zum Hügelgrab gehen. Er würde wissen, wo er sie finden konnte, wenn er aus dem *Ardth entkam* . Und er würde entkommen. Es wurde kein Gefängnis errichtet, in dem Tyr gefangen gehalten werden konnte.

Er sagte langsam: „Ich gebe nach. Ich werde mit dir gehen."

Trotz all seiner Hoffnungen und Pläne wusste er, dass er als Gott völlig gescheitert war.

Ihr Haar war schwarz wie die Flügelspitze eines Raben, in der Mitte gescheitelt und über winzige Ohren zurückgebunden. Sie hatte schwarze Augen und einen breiten, purpurroten Mund, der ihn immer wieder sanft anlächelte. Sie stand inmitten der verhüllten *Ardth* -Männer, die ihn anstarrten, während sie den Stimmen der Flieger lauschten, die ihn gefangen genommen hatten.

Tyr fühlte sich unter ihrem festen Blick unwohl. Er verlagerte seine Füße und kam sich albern vor, weil er so groß über den kleineren Piloten aufragte. Er hatte das Gefühl, dass sie alle über ihn lachten. Was für ein Gott er war! Kein Wunder, dass sie ihn heimlich auslachten. Ein Gott, der der Beschützer seiner Rasse war und die Gefangennahme durch drei Piloten zuließ, die er mit drei Schlägen seiner großen Hände hätte töten können.

Die Augen und der Spott der Männer machten ihm nichts aus, aber die festen Augen der Frau –

Vergiss sie und schau dich um, Tyr. Dies ist ein Raum der Alten, mit silbernen und schwarzen Glasfenstern, die sich 30 Meter in die Höhe an der Wand wölben, und dem in Stein und Holz gemeißelten Adler-Motiv mit Kapuze. Ein Stuhl mit hoher Rückenlehne stand leer auf einem Podium, während der Mann, der ihn normalerweise besetzte, mit den anderen zusammenstand und ihn beobachtete. Das war Reichtum, von den unbezahlbaren roten Damastvorhängen an den Fenstern bis zu den handverlegten Fliesen unter seinen Füßen.

Es hatte keinen Zweck. Ihre dunklen Augen waren zu ruhig.

„Eine Lüge", sagte einer der Alten ruhig. „Kein Mensch könnte tun, was er getan hat."

„Er ist kein Mensch, Sire. Er ist derjenige, den die Trylla verehren. Er ist – Tyr!"

Damit haben sie angefangen. Der Pilot hatte seine Geschichte geschickt erzählt. Er grinste voller Selbstachtung, als das Gemurmel und die Schreie ihn belohnten. Tyr kannte den genaueren Blick der Augen unter den hochgezogenen Brauen. Sie haben ihn aufgefressen, diese Augen. Vor allem die Augen der Frau.

Ein hagerer Mann mit Glatze und eisengrauem Schnurrbart trat vor und ging um Tyr herum, seine glitzernden Augen prüfend. Zweifelnd schüttelte er den Kopf und sagte: „Katha, du bist unsere biochemische Expertin. Kann das sein?"

Die Frau mit den schwarzen Haaren kam auf ihn zu und schwankte anmutig.

„Ich muss Tests machen, Space Commander", sagte sie und Tyr gefiel die heisere Lebendigkeit ihrer Stimme. Es jagte ihm ein Kribbeln über den Rücken. Aber vielleicht waren es ihre schwarzen Augen, die ihn anlächelten, als sie fragte: „Ist es wahr, was er sagt?"

„Ja, das stimmt. Ich bin ihren Flugzeugen entkommen. Ich hätte sie töten können, aber ich habe mich nicht dafür entschieden."

„Warum hast du es dann nicht getan?" Sie lächelte.

„Weil ich – zeige mich deinem Kommandanten. Ich möchte mit ihm verhandeln. Deshalb wurde ich gefangen genommen. Ich werde Frieden für Frieden anbieten. Alles, worum ich bitte –"

Der hagere Mann mit der Glatze trat vor Tyr herum und starrte ihn mit kalten Augen an.

„Ich bin Space Commander Ronald Mason", sagte er rundheraus. „Ich leite die Expeditionary Space Force zum Fornax-Cluster. Sie werden Frieden anbieten? Aber es gibt keinen Krieg."

Tyr hielt das Knurren in seiner Kehle, als er antwortete: „Aber es wird Krieg geben, es sei denn, die *Ardth* sind bereit, mit mir um die Freiheit der Trylla zu verhandeln ."

Mason lächelte, aber Tyr sah die Leidenschaft tief in seinen eisblauen Augen. „Die Trylla sind eine freie Rasse."

Tyr sagte geduldig: „Die Trylla verehren mich. Sie denken, ich sei ein Gott. Ich weiß, und du weißt, dass ich nichts dergleichen bin. Dennoch würde ich ihnen helfen, wenn ich könnte. Du kannst mich nicht hier behalten, wenn ich." versuche zu fliehen. Ich kann diesen Planeten in den blutigsten Krieg stürzen, den du je gesehen hast. Aber das möchte ich nicht tun. Ich suche nur Frieden. Frieden und eine Art Stolz für die Trylla , dass sie ihre Macht erneut aufrecht erhalten können Köpfe –"

Mason warf ein: „Ein lobenswerter Wunsch. Aber die Trylla sind ganz zufrieden. Otho sagt mir, dass sie keine Probleme machen werden. Was deine müßige Prahlerei betrifft, entkommen zu sein –"

Space Commander Mason gestikulierte und wandte sich mit den Worten ab: „Testen Sie ihn, Katha. Sehen Sie, warum seine Reaktionen so weit von der Norm abweichen."

Roter Zorn schlug in zunehmendem Maße in Tyr zu . Er biss sich auf die Lippe und bewegte sich bis zu den Zehenspitzen. Seine Muskeln zuckten. Er-

Eine kühle Hand berührte seinen Unterarm. Die schwarzen Augen waren wieder da und der rote Mund lächelte ihn an.

„Die Tests? Bitte?"

Tyr leckte sich verwirrt die Lippen. Er blickte auf die *Erde* und dann auf das Mädchen, dessen Augen die wahnsinnige Wut in seinem Herzen auslöschten. Er sagte: „Ja, die Tests."

"Folgen Sie mir."

Das Zimmer war groß und weiß und fantastisch sauber. Chrom und Plastilin glänzten und leuchteten unter der bläulich-weißen Decke, die sanfte Helligkeit in jede Ecke verbreitete. An der Nordwand stand ein Durchleuchtungsgerät. Auf Tischen standen Skalpelle, Nadeln und Watterollen. Hinter ihnen lugten elektronische Strahlenmaschinen, Mikroskope und Zyklotronkrebse hervor. Das war die biochemische Wissenschaft der Alten in vier Wänden.

Katha schloss die Tür hinter sich und löste ihren schwarzen Umhang. Sie trug eine schwarze Bluse mit einem in den Stoff eingefädelten silbernen Stern und Balken. Enge Hosen, weiß, gaben ihr ein stromlinienförmiges Aussehen.

„Machen Sie es sich bitte bequem. Das, was ich jetzt tun werde, wird nicht schaden."

Tyr sah zu, wie sie eine große Maschine herausrollte, sah, wie sie eine Nadel mit Griff in ein Gefäß mit weißer Flüssigkeit steckte. Sie sah, wie er sie beobachtete, und lachte leise.

„Du bist wie ein Tier im Käfig. Du magst keine Wände, oder?"

„Nein. Ich bevorzuge die Wüste."

„Du hast dein ganzes Leben in der Wüste verbracht?"

„Alles. Schon seit ich klein war."

Sie drehte sich von einem Wattebausch ab, den sie gerade abwickelte, und betrachtete ihn nachdenklich unter ihren langen schwarzen Wimpern.

„Ein Junge. Was ist mit deinen Eltern?"

„Ich erinnere mich nicht an sie, falls es überhaupt welche gab, an die ich mich erinnern sollte. Das erste, woran ich mich erinnere, ist Sand unter meinen Füßen und Laufen. Die Sonne war immer mein Freund. Ich liebe die Sonne. Sie nährt mich. Ich brauche nichts, um zu existieren." , außer der Sonne."

Ihre linke Hand war warm, als sie sein Handgelenk berührte. Die feuchte Baumwolle wurde schnell über sein Fleisch gestrichen.

„Ich erinnere mich an viele Dinge aus meiner Jugend. Unzusammenhängende Dinge, wie der erste Tag, an dem ich den blauen See und den silbernen Wald fand. Der Tag, an dem ich mit bloßen Händen einen *Panth tötete* . In der ersten Nacht sah ich die Sterne und erkannte sie." für das, was sie waren.

Katha hielt seine Hand in ihrer und sagte: „Ich werde Blut abnehmen. Es wird weh tun – ein bisschen." Während die rubinrote Flüssigkeit aus seinem Handgelenk sickerte, redete die Frau weiter. „Und du kannst dich an nichts darüber hinaus erinnern? Nur daran, dass du ein Junge warst und erwachsen geworden bist?"

„Nur das. Es dauerte viele Jahre, bis ich einen anderen ... Menschen sah. Die Trylla sind keine Wüstenbewohner. Sie mögen ihre Städte. Aber ich sah eine Karawane und kam näher, um sie zu untersuchen, und als die Wachen mich sahen, Ich rannte so schnell, dass Gerüchte aufkamen.

Ihr Mund lächelte amüsiert, als sie durch den Raum ging.

„Kein Wunder. Ein Mann, der drei Flugzeugen entkommen kann, ist ein ziemlicher Läufer."

„Damit begannen die Geschichten über mich. Ein Jäger schoss und verfehlte. Damit begann meine Unbesiegbarkeitslegende. Nach vielen Jahren, in denen ich den Turm fand, schickten sie eine Delegation zu mir, um mich zu bitten, ihr Gott zu sein, mich zu nehmen." der Rubinthron.

„Wie hast du sprechen gelernt, wenn du nie andere Männer und Frauen gekannt hast?"

Tyr hielt inne. Einen Teil seiner Ausbildung hatte er aus den Büchern im Turm erhalten. Sein weiteres Wissen, und es war riesig, sicherte er in den engen Gassen von Yawarta vor Lauschangriffen .

Aber er sagte: „Oh, ich habe es gerade abgeholt."

„Der Turm, den Sie erwähnen. Was ist das?"

„Ein altes Gebäude , in das ich eingebrochen bin. Es steht allein in der Wüste des peitschenden Windes."

"Kannst Du lesen?"

„Nein", log er.

Sie schob einen Glassplitter unter einen Milchschirm, drückte einen Knopf und bückte sich. Tyr sah zu und fragte sich, was sie suchte.

„Das ist schade", murmelte sie. „Denn wenn du – du – du – ohh !"

Ihr Gesicht wurde weiß, als sie ihn anstarrte.

"Was ist es?"

„Dein Blut ... wenn es Blut ist. Es ist so – so anders!"

Katha streckte eine weiße Hand aus und betätigte einen Schalter an der Wand. Ein Teil der Täfelung glitt zurück und gab den Blick auf einen Bildschirm frei, auf dem die dreidimensionalen Bilder der schwarz gekleideten Männer im Thronsaal standen.

„Space Commander, ich muss Sie sehen. Bereits der Vortest hat revolutionäre Reaktionen offenbart."

Ihre Stimme war aufgeregt. Es ließ den kahlköpfigen, schlanken Mann ein wenig zusammenzucken. Tyr sah, wie er auf ihn zukam, immer größer auffragte, aus dem Bildschirm trat und – verschwand. Einen Moment später öffnete sich die Labortür und Mason trat ein.

„Was ist, Katha?" sagte er kühl.

„Sein Blut. Es ist nicht das Blut, das wir kennen, das Nahrung, Sauerstoff und die Giftstoffe transportiert Ich prüfe meine ersten Eindrücke, um sicherzugehen – aber die Zellen scheinen so konstruiert zu sein, dass sie reine Energie in Form von purer Wärme übertragen."

„Aber die Gewebe, Mädchen! Bei einem normalen Mann wird die Nahrung im Gewebe zu Energie. Wie –?"

„Ich weiß es nicht. Überzeugen Sie sich selbst."

Sie entfernte sich vom Mikroskop und deutete darauf. Space Commander Mason beugte sich zum Bildschirm. Seine rechte Hand erhöhte die elektronische Leistung um hundert Einheiten. Er stand viele Minuten lang so da, runzelte die Stirn und atmete kaum. Als er sich aufrichtete, sah er Tyr lange an und atmete schwer.

Er sagte: „Es scheint ein Blut zu sein, das nichts außer strahlenden Wärmeimpulsen trägt. Das bedeutet, dass er seine Energie rein aufnimmt. Der Wirkungsgrad ist perfekt. Katha, er ist kein Mann. Kein Mann, wie wir ihn kennen." "

Katha nahm Tyr am Arm, führte ihn hinter ein Durchleuchtungsgerät und sagte: „Stellen Sie sich bitte hier hin." Mason beäugte ihn fest, während er vor den Bildschirm trat.

Tyr grinste vor sich hin. Sie würden einen Schock erleben, wenn diese Maschine das tun würde, was er erwartet hatte.

Der Raum verdunkelte sich. Ein blassgrünes Leuchten kam und pulsierte. Der Teller vor ihm schien leise zu summen. Die dunklen Schattenklumpen, die der Commander und Katha waren, bewegten sich plötzlich und wurden still. Immer noch tödlich.

„Die Maschine ist falsch!" krächzte Commander Mason.

„Die Maschine ist falsch!" krächzte Commander Mason.

„Es wurde gestern getestet, Commander. Außerdem hat er ein Herz und einen Blutkreislauf."

„ Kein Magen! Keine Lunge! Keine Eingeweide! " hauchte er.

„Und stattdessen seltsame Organe, von denen wir nichts wissen. Commander, lassen Sie mich ihn zum Studium auf den Heimatplaneten bringen! Was für eine Erfahrung. Ein Mutant, der –"

Langsam wuchs Licht von der Decke. Mason stand neben dem Schalter und starrte Tyr an. Seine Augen waren wild, er hatte ein Wunder gesehen. Er schauderte und zog seinen Umhang fester um sich.

„Ein Mutant! Und *was für* ein Mutant!"

Katha sagte nachdenklich: „Er hat Organe anstelle des Verdauungstrakts, die für einen bestimmten Zweck bestimmt sind. Aber für welchen Zweck?"

Tyr glitt vom Durchleuchtungsgerät weg. Er ließ seine Muskeln spielen. Jetzt hatte er sich lange genug ausgeruht und ihre Spiele mit ihnen gespielt. Jetzt trat er in Aktion.

„Commander, zu meinem Angebot –"

„Ruhe, Mann. Ruhe! Ich muss nachdenken. Vor langer Zeit kannte ich einen Mann, der sagte – aber nein! Was ich denke, ist unglaublich. Es konnte nicht sein. Und doch – und doch –"

Tyr nahm eine Stahlstange und balancierte sie leicht in seinen Handflächen. Langsam schlossen sich seine Finger darum. Angehobene Muskeln an Armen und Rücken. Die Stange krümmte sich zu einem Kreis.

„Meine Muskeln könnten auch anders sein", sagte er. „Über mein Angebot. Ist es Frieden oder Krieg? Alles was ich will –"

Space Commander Mason bewegte seine rechte Hand schnell nach unten. Es kam mit einer Waffe unter seinem Umhang hervor. Er lächelte grimmig. „Du bist groß und stark wie ein Ochse, und du bist *anders*. Ich möchte deine Haut nicht mit einem Schauer aus Lichtphotonen testen, aber –"

Katha kam auf Tyr zu. In ihren Augen und um ihren Mund herum lag ein hungriger Ausdruck. Sie flüsterte: „Sei vernünftig, Gott der Trylla ! Du bist schon lange tot. Komm mit mir. Später kannst du den Space Commander treffen, wenn seine Überraschung nachgelassen hat."

Über den schwarzen Glanz ihres lockigen Haares hinweg blickte er auf den kahlköpfigen Mann und erkannte in den blauen Augen einen ebenso großen Stolz wie seinen eigenen. Er wusste dunkel, dass Commander Mason unter seinem Volk einen genauso starken Willen und eine ebenso große Macht besaß wie er selbst. Tyr nickte.

"Ich werde mit dir kommen."

Katha hob ihren schwarzen Umhang und warf ihn um ihre schlanken Schultern. Sie warf ihm ein rotlippiges Lächeln zu und legte ihren Arm um seinen.

„Komm mit in meine Wohnung", lachte sie. „Ich möchte, dass du mir mehr über dich erzählst."

Die Gassen waren dunkel und verlassen. Unter ihren Füßen schnitten die abgerundeten Kanten des *kalanischen* Kopfsteinpflasters in ihre dünnen Sandalen. Die zyklopischen Steinstrukturen ragten schwarz und bedrohlich vor dem blassen Grau des Nachthimmels auf. Wie Spinnennetze von riesiger

Struktur wurden große Weltraum-Vox-Antennen von Turm zu Turm geschleudert.

Sie gingen langsam durch die warme Nacht, andere gingen schneller. Es war Tyr, der das Klirren der Ausrüstung eines Wächters hörte, das *Krachen* einer Strahlenpistole im Holster, die auf einen Hosenschenkel einschlug, das harsche Klappern von Handschellen und Ketten.

Sein Handgelenk zog sie an sich und mit ihm zurück in den Schatten einer Nischentür. Viele Männer kamen die Straße entlang. Es gab auch viele Ketten.

Ein Hauch Mondlicht berührte den führenden Mann, der gebückt mit Eisen und dem Schmerz offener Peitschenhiebe ging .

„ Zarman !" hauchte Tyr.

Sein Gehirn raste. Zarman war der von Tyr ernannte Gouverneur. Der *Ardth* hatte ihn ergriffen und ausgepeitscht. Es war ein Zeichen ihrer Macht über Tyr. Die Menschen brauchten ein Zeichen ihres Gottes. Wenn er Zarman befreien und zum Volk zurückschicken würde –

Tyr befand sich auf dem Kopfsteinpflaster und seine rechte Faust hob sich in einem kurzen Bogen. Ein erschrockener Wachmann hatte keine Zeit, den Mund zu öffnen, als sein Hinterkopf seine Wirbelsäule berührte und sein Nacken unter dem Schlag brach. Tyr ließ ihn mit der linken Hand in seinem Rücken sinken, während er die Heißluftpistole aus dem Holster nahm.

„Tyr!" schluchzte Zarman und richtete sich auf.

Die anderen kannten ihn auch, und an die Stelle des blinden Schmerzes und der Verzweiflung trat das Lachen der Hoffnung, das ihnen den Rücken gerade und das Kinn nach vorn reckte.

„Vorsicht", flüsterten sie. „Es gibt mehr davon."

Tyr trat in die Schatten und sagte: „Mähren Sie weiter. Biegen Sie an der Ecke ab – und warten Sie."

Die Wachen kamen ahnungslos, aber dieses Mal waren es drei, die redeten und scherzten. Tyr kam mit bloßen Händen aus dem Schatten und schlug so schnell zu, dass ein Wachmann sich auf der Steinstraße wand, bevor die anderen ihre Waffen zückten. Ein anderer fiel mit zersplitterten Rippen zu Boden. Der Dritte öffnete den Mund, um zu schreien. Zwei große Hände packten seinen Hals und hielten ihn fest.

Tyr ließ die Wache fallen und nickte den Gefangenen zu: „Gehen Sie weiter. Zarman wartet hinter der Ecke auf mich."

Es gab nur noch zwei Wachen. Tyr stürmte tief. Seine Fäuste pumpten.

Tyr schüttelte sich und stand allein in der Gasse, während der Mond über ihm auf ihn herabstrahlte und ihn in Silber tauchte. Die Straße war verlassen, bis auf ein weißes Gesicht über einem dunklen Umhang und Tyr. Das Mädchen hatte eine Waffe in der Hand.

„Schieß", sagte Tyr und spannte sich an.

„Gans", flüsterte das Mädchen und neigte den Kopf, um zu beobachten, wie ihre Hand ihre Waffe ins Holster steckte.

„Warum schießt du nicht?"

„Oh, ich weiß nicht. Ich war schon immer ein Fan von Außenseitern."

Aber in ihren dunklen Augen, die zu ihm aufsahen, gab es noch eine andere Erklärung, die Tyr blinzeln ließ. Er packte sie am Ellbogen und ging mit ihr um die Ecke.

Zarman und die anderen waren in der Dunkelheit entlang der Mauer aufgestellt. Zarman trat vor, sah das Mädchen an und flüsterte: „Sie ist eine *Ardth* ."

„Vergiss sie. Erzähl mir von dir."

„Die Alten haben uns leicht gefangen. Otho plapperte mit seinem verräterischen Mund. Sie kamen und nahmen uns mit, obwohl wir kämpften."

„Wenn ich dich freilasse, was kannst du dann für deine Freiheit tun?"

„Wir können kämpfen, Gott Tyr. Wir können uns eingraben wie der Maulwurf und kämpfen wie eine in die Enge getriebene Ratte. Versuchen Sie es mit uns!"

Katha ging um die Ecke und holte den Schlüssel für die Handschellen. Sie durchsuchte das Gerät der Wachen und brachte es stolz zurück.

Die Männer ließen die Ketten und Handschellen in ein Loch sinken, das sie unter dem Kopfsteinpflaster gegraben hatten. Sie legten die Steine zurück und traten den Dreck in die Spalten dazwischen. Einer von ihnen nahm die Waffe, die Tyr ihm reichte.

Zarman gab den Männern eine Bewegung, und sie verschwanden außer Sicht.

„Wir gehen unter die Erde. In die alten Tunnel, die während des Krieges mit den *Ardth gegraben wurden* . Nur die Trylla kennen diese Labyrinthe."

„Gut. Ich werde dich benachrichtigen."

Katha seufzte, als Zarman außer Sichtweite war.

Während sie gingen, fragte Tyr trocken: „Warum hast du nicht auf mich geschossen? Du hattest deine Waffe gezückt."

„Das war für die Wachen – für den Fall, dass deine Fäuste nicht ausreichen."

„Aber du bist ein *Ardth*!"

Das Mädchen seufzte und sagte: „Es ist so ein schöner Mond. Und wir sind fast in meinen Zimmern."

Sie lachte leise und Tyr fragte sich, warum.

III

Tyr hatte noch nie einen solchen sybaritischen Luxus gesehen, wie er sich offenbarte, als er die Vorhänge aus Goldfäden über die gewölbte Tür hinter sich rascheln ließ. Verstreute Kissen, prall und fett, auf deren Oberfläche in dünnen Kurven Rot und Weiß eingearbeitet waren; die blau getönten Wände, die Wärme ausstrahlten; Die farbenprächtigen Wandgemälde und die versteckten Lichter zeugten von grenzenlosem Reichtum. An den Wänden standen niedrige Bücherregale. Parfüm erfüllte die kühle Luft. Es war ein weiblicher Duft, süßlich und anhaltend.

Katha hob einen scharlachroten Krug und goss kühle, weiße Flüssigkeit in zwei Kristallhalbkugeln. Eines reichte sie Tyr, das andere hob sie mit ihrer weißen Hand mit den roten Nägeln hoch.

„In die Freiheit", lachte sie leise und trank.

Der Weißwein war reichhaltig und berauschend und wärmte seine Kehle bis zum Abstieg. Tyr nippte immer wieder. Mit offenen Augen blickte er sich im Raum um.

Dies war nur die Wohnung eines Mädchens. Sie nahm einen hohen Rang in den Räten des *Ardth ein* , aber dies war ein Planet weit weg von zu Hause. Und all den Luxus vor sich! Eins dieser Kissen mit den rot-weißen Rundungen würde Fay vor Eifersucht große Augen machen lassen. Und er stellte sich gegen eine Rasse, die einer Frau das geben konnte, für sich selbst!

Er verzog das Gesicht. Was könnte ein einzelner Mann – selbst wie Tyr – gegen eine solche Rasse tun? Er sollte jetzt aufhören und sich mit dieser Frau amüsieren, die ihn mit diesen festen schwarzen Augen ansah. Er sagte sich das alles und hasste die Wahrheit.

Eine kühle Hand kuschelte sich in seine Handfläche. „Erzähl mir von dir", lächelte Katha.

„Es gibt nichts zu erzählen."

„Du hast Kraft und eine unglaubliche Geschwindigkeit. Aber was sind deine anderen Kräfte, Tyr? Du bist ein Mutant, ein Wechselbalg. Das weißt du. Aber warum, Tyr? Warum? Die Natur versucht keine Veränderungen, es sei denn, sie passt zu einem Wesen für etwas." ."

Katha war ihm sehr nahe. Sie war parfümiert und weiblich, und Tyr war an beides nicht gewöhnt. Sie war so subtil und komplex wie eine seltene Droge, während Fay in ihren kindlichen Gelüsten so durchsichtig war wie Spiegelglas.

Vielleicht lag es am Weißwein, dachte er hinterher, aber alles, was er jetzt sah, war ihr roter Mund und die spöttische Belustigung, die in ihren schwarzen Augen schwamm. Er küsste sie und hielt sie fest in seinen Armen.

„Wir weichen vom Thema ab", sie lächelte ihn aus seinen Armen an.

In diesem Moment ertönte ein Husten aus den goldenen Vorhängen der Tür. Otho stand grinsend in der Öffnung und blickte lüstern. Von Kopf bis Fuß glänzte er in einer regenbogenfarbenen Seide, die sich bauchig und sanft um seinen Körper senkte, mit einer Empfindlichkeit gegenüber Luftströmungen, die ihn lebendig erscheinen ließ.

Er hatte eine Waffe in der Hand und sie war auf Tyr gerichtet.

„Es tut mir leid, Ihre – Vergnügungen – zu stören."

Tyr glaubte nicht, dass er sich schnell bewegte, aber er war vor Otho, während sich die Augen des anderen vor Angst zu weiten begannen. Tyr schlug mit der Waffe nach oben und rammte sie gegen Othos höhnischen Mund, wo sie eine große Wunde hinterließ. Die Waffe fiel auf den Teppich, und Tyr streckte seine Hände aus, ergriff die schmierige Seide und hob sie hoch. Otho baumelte einen Fuß über dem Boden.

„Ich könnte dir das Rückgrat brechen", flüsterte Tyr.

Otho war weiß. Er wagte es nicht zu sprechen.

„Ich könnte die Finger einer Hand um deinen dicken Hals legen und ihn zerbrechen."

Otho schloss die Augen und schauderte.

Tyr ließ ihn fallen und Otho fiel locker zu Boden, rollte sich um und kam auf Hände und Knie. Der große braune Gott der Trylla ragte riesig und massiv über seiner kauernden Gestalt auf.

„Du zeigst deinem Gott keinen Respekt, Otho", grinste Tyr gefährlich. „Noch einer Frau gegenüber. Zumindest könntest du höflich sein, wenn du nicht religiös bist."

Tyr lauschte dem Murmeln, das aus dem Mund des Mannes kam, und sah zu, wie er davonkroch. Er wandte sich an Katha. „Das ist der Gouverneur, den Mason dem Trylla gegeben hat .“

Katha ließ ihre Hüfte auf der Onyx-Tischplatte ruhen, während ihre weißen Finger nach einer Hydroette suchten . Als sie zum ersten Mal Luft holte, erwachte das Ende grün zum Leben. Sie blies grünen Rauch zwischen ihren roten Lippen hervor, lehnte sich zurück und lachte leise.

„Weißt du, du *bist* in mancher Hinsicht ein Gott. Deine Größe, deine gigantische Stärke und deine Geschwindigkeit. Wenn du dem *Ardth die Treue schwören würdest* , würdest du schnell aufsteigen. In ein paar Jahren wärst du ein Weltraumkommandant.“

„Ist das eine Beförderung gegenüber einem Gott?“

„Tyr, hör mir zu. Sei vernünftig. Benutze dein Gehirn. Du hast ein Gehirn, und zwar ein gutes. Es ist ungelernt, aber es saugt Wissen auf, wie ein Venusschwamm Wasser! Ich habe gesehen, wie sich deine Augen in diesem Labor bewegten von mir. Sie haben die Verwendung des Fluoroskops, des elektronischen Mikroskops, abgeleitet. Sie mussten sie nur in Aktion sehen …“

Sie hielt den Atem an. Die Haut um ihre Lippen wurde weiß, als sich ihr Mund zusammenzog. „Vielleicht könntest du sie sogar duplizieren, wenn du Zeit und Material hättest, nur weil du sie gesehen hättest. Konntest du, Tyr?“

fragte sich Tyr selbst. In seinem Kopf herrschte ein wirres Durcheinander von Platten und Drähten und Erinnerungen an Diagramme, die er in Büchern im Turm gesehen hatte. Wenn er allein blieb, stellte er sich eher vor, er könnte tun, was Katha angedeutet hatte. Vor allem, wenn er im Sonnenlicht arbeitete. Denn die Sonne würde die Facetten seines Geistes öffnen, sein Gehirn so scharf und lebendig machen wie seinen Körper und ihm das unterbewusste Bewusstsein des Wissens verleihen, das ihn beeindruckte.

„Vielleicht sind es rassistische Erinnerungen“, sagte er langsam. „Bei den meisten Männern sind diese zu tief vergraben, um von praktischem Nutzen zu sein. Aber bei mir kann es anders sein. Ich weiß, dass die Dinge für mich nicht lange ein Geheimnis bleiben, wenn ich einmal darüber nachdenke.“

Katha ging durch den Raum und starrte auf die Kissen, die sie träge beiseite trat. Ihre dünnen Brauen waren gerunzelt.

„Ich sagte, du könntest ein Weltraumkommandant sein, Tyr. Du könntest mehr als das sein. Du könntest der Präsident selbst sein, wenn – wenn das, was ich über dich denke, wahr ist.

„Die Trylla halten die *Ardth* für eine herzlose Crew. Oh, ich weiß. Aber was die Trylla und die anderen Bewohner der Planeten, die wir übernommen haben, nicht wissen, ist Folgendes: Wir *stehen* vor einem Kampf gegen die Ausrottung. Das wird es nicht." Komme seit Jahrhunderten, aber es kommt, so sicher du lebst.

„ *Die Glows sterben!*

„Und wenn das passiert, werden alle unsere Städte und alle unsere Raumschiffe – man könnte sagen auch unser Leben – zum Stillstand kommen. Wenn Sie –"

Männer kamen durch die Tür und Space Commander Mason stand vor ihnen. Otho steckte sein dickes, höhnisches Gesicht zwischen zwei *Ardths* und lachte Tyr aus. Die Männer breiteten sich aus und Mason ging mit einem grimmigen Lächeln auf den Lippen auf sie zu.

„Du hast heute Nacht eine ziemliche Spur hinterlassen, Tyr", sagte er. „Diese Wachen, dann Otho. Ich habe versucht, dich auf Augenhöhe zu behandeln. Dein Wort bedeutet den Trylla viel . Aber ich habe einen Fehler gemacht."

Katha rannte vor den Kommandanten und sagte schnell: „Katha berichtet über den mutierten Tyr vom Planeten Lyallar . Aus Beobachtungen komme ich zu dem Schluss, dass er eine fortgeschrittene Lebensform ist, die keine Nahrung benötigt, sondern ihre Energie direkt aus einer anderen Quelle bezieht. Das ist seine Stärke." ist phänomenal. Dass sein Gehirn übermenschlich ist. Dass er weiter getestet werden muss. Meine Empfehlung ist –"

Mason legte sie beiseite und deutete auf seine Männer.

„…dass er zum Studium auf den Heimatplaneten geschickt wird."

Tyr schüttelte den Kopf und sagte „Nein", aber er ließ den Mann mit der Glatze nicht aus den Augen.

Mason hob plötzlich seine Hand.

Und Tyr zog um.

Er ging schnell, so schnell, dass seine Arme nur verschwommene Wirbel waren, als er Mason von den Füßen hob und ihn schleuderte. Er schwang sich über einen Tisch und rammte einem Mann beide Absätze in die Brust. Er traf einen weiteren *Schlag* auf den Kiefer, gerade als der Finger des Mannes den Abzug fester drückte und ein Feuerblitz in Richtung der hohen Decke schoss. Jetzt zielten ihre Waffen und schossen gelbe Bolzen auf ihn. Drei davon fing er mit der Brust auf.

Diese gelben Feuer brannten für einen Moment, bevor seine Poren ihre gefräßige Kraft in seinen Körper aufsaugen konnten. Aber sie erfüllten ihn mit einem wilden, wilden Hochgefühl. Seine Kehle schmerzte, als er auf die Männer am Eingang zustürmte, die niederknieten und feuerten, während ihre Augen sich weiteten, als sie ihn kommen sahen und vor ihnen immer größer wurden.

Er hörte nicht auf. Er überfuhr die Männer und ließ sie gebrochen auf dem Boden liegen.

Tyr kicherte grimmig, seine Füße traten auf einen Teppich. Seine große rechte Faust hielt eine Solarpistole , die er einem fallenden Soldaten entrissen hatte. Eine Waffe für die Trylla ! Seine Schulter zersplitterte eine Tür mit zweihundert Pfund Energie dahinter. Die Schleuse ging durch den Wald und Tyr landete auf dem Kopfsteinpflaster.

Die Straße war dunkel und leer. Er rannte mit dem Wind, wich um Ecken aus und sprang durch gerade Straßen. Weit hinter ihm erklangen Schreie und das dumpfe Stampfen stampfender Füße.

die zyklopischen Mauern von Yawarta . Hier und da hingen die großen Netze der Fischer, zum Trocknen auf stabile Holzpflöcke gehängt. Dann ging er hinauf, seine Arme hoben mühelos seinen massiven Körper. Von der Bastion bis zum Felsvorsprung stieg er wie eine huschende Spinne die Mauer hinauf.

Jetzt stand er auf der breiten Spitze, unter den Sternen. Er hob einen Arm, winkte damit in Richtung der Stadt und ging auf die andere Seite.

Er rannte frei, weg von Yawarta .

Hinter sich konnte er das *Pfffft-pfffft* der Düsenflugzeuge hören, die aufstiegen, um ihn zu verfolgen, und wie Jagdhunde von den rasenden Absperrungen aufsprangen. Tyr grinste und streckte seine langen Beine aus, so dass der Boden unheimlich vorbeiraste. Unter den Sternen konnten sie ihn nicht fangen, nicht mit dieser Waffe in der Hand.

Der Wind pfiff an seinen Ohren vorbei. Er machte sich auf den Weg zu den silbernen Wäldern, die er in der Ferne erkennen konnte. Er würde bald in ihrem Schutz sein.

Lichtstrahlen fielen auf den Boden und jagten ihn. Sie glitten umher und verfehlten ihn, als er anmutig auswich und ihrem blassen Glanz entkam.

Bald würde er unter diesen Bäumen sein. Dann konnte Lyallar ihn überhaupt nicht einfangen.

Tyr schwang die Solarkanone nach oben, legte die kalte Mündung an seine nackte Brust und drückte ab.

Das Sonnenlicht färbte die Klippen in einen blassen Bernsteinton und verteilte einen hauchdünnen Goldton auf den abfallenden Steinvorsprüngen. Es ließ dunkle Schatten in Felsspalten wellen und sandte winzige Kaskaden leuchtenden Rots und Gelbs aus Quarzadern. Die Klippen ragten hoch über einer hügeligen Landschaft auf, in der Grasbüschel in dichtem Grün wuchsen.

Tyr stand aufrecht auf der zerklüfteten Felszunge und starrte auf eine Reihe von Männern und Frauen, die über die Hügel gingen. Er war nackt bis auf das weiße Tuch in seiner Mitte, in das der Griff der Solarkanone in einem verwegenen Winkel hineinragte. Riesig ragte er in der Morgensonne auf und sah mit jedem Zentimeter seines Körpers wie ein Gott aus, für den ihn die Trylla hielten.

Er grinste und tätschelte den Walnussgriff der Waffe. Dieser Kraftstoß hatte ihm letzte Nacht die nötige Energie gegeben, als die Sonne auf der anderen Seite des Planeten stand. Seine Follikel hatten es aufgenommen und seine seltsamen Organe filterten es durch seinen ganzen Körper.

Die ganze Nacht war er gelaufen, doch er war frisch und stark.

Jetzt schaute er über das braune Tal und sah, wie die Trylla darüber lief und auf der anderen Seite den langen Aufstieg begann. Hier und da erkannte er bekannte Gestalten. Fay stand an der Spitze der Kolonne, direkt vor dem jungen Texel und dem grimmigen alten Gaarn . Tyr suchte den blauen Himmel ab. Keine *Ardth* -Männer da!

Er ließ sich über den zerklüfteten Rand der Klippe hinab. Seine schlauen Füße fühlten sich wie empfindliche Finger an und fanden Risse im verwitterten Fels. Er ging Schritt für Fuß hinab, aber schnell.

Als er die letzten sechs Meter auf den krümeligen Talboden hinabstürzte, waren die Trylla nur noch wenige Meilen von ihm entfernt. Sein gerader Abstieg hatte ihm stundenlange Reise erspart. Er konnte sie jetzt in wenigen Minuten fangen.

Fay sah ihn zuerst und drehte ihren goldenen Kopf, fast als ob ein telepathischer Gedanke ihr befohlen hätte. Sie schrie auf, und die schlanke Säule schwankte und blieb stehen.

Tyr kam mit ausgestreckten Händen und einem Lächeln auf den Lippen auf sie zu, doch das Lächeln verschwand, als er ihre Augen sah.

„Warum bist du zurückgekehrt?" sie fragte benommen. „Du hast mit dem *Ardth einen Handel* für das Mädchen namens Katha abgeschlossen. Was haben sie dir außer dem Mädchen noch für Lyallar gegeben?"

„Für Lyallar ? Außer dem Mädchen? Bist du verrückt, Fay? Und ihr anderen – glaubt ihr, was sie sagt? Fay, was –"

Gaarn sagte säuerlich: „Dann leugne es. Leugne, dass du allein mit dieser Frau Katha gegangen bist, um unser Verderben zu planen. Leugne, dass Zarman und andere, die dir vertrauten, ausgepeitscht wurden."

„Ich habe geplant, niemanden zu vernichten. Und was Zarman betrifft –"

„Er wurde ausgepeitscht, nicht wahr?" heulte Texel, seine Augen waren wie Abgründe voller Angst.

„Ausgepeitscht, bevor ich-"

Texel spuckte ihn an, und Tyr zitterte und hob die Hände. Leider ließ er sie erneut fallen. Gewalt würde nichts bewirken. Und ein Gott muss verständnisvoll sein.

„Ich habe Zarman und die anderen befreit, als sie durch die Straßen geführt wurden", sagte er geduldig. „Was Katha betrifft, sie ist eine Biologin der *Ardth* ."

„Du warst allein mit ihr", murmelte Fay mürrisch. „Otho hat gesehen, wie du sie geküsst hast."

„Otho! Da bekommst du also deine Neuigkeiten."

„Die sprechenden Bäume, die silbernen", sagte Gaarn zwischen zahnlosen Lippen. „Sie empfangen Unterschallnachrichten. So haben wir es gehört."

„Und natürlich glauben Sie. Es spielt keine Rolle, dass der *Ardth* Otho anstelle von Zarman ernannt hat . Vertrauen Sie mir auf sein Wort. Es war Otho, der die Botschaften verschickte, nicht wahr?"

„Ja", sagte eine Frau.

„Otho will mich als Gefangenen. Das gilt auch für die *Ardth* . Otho hofft, dass du mich auslieferst. Es wird eine Belohnung für mich geben. Deshalb hat er diese Nachricht verschickt. Er möchte die Trylla gegen mich aufbringen."

Er sprach mit ihren Augen, die ihre Gefühle widerspiegelten, und kämpfte darum, ihr Vertrauen zurückzugewinnen: „Wenn der *Ardth* mich tötet, welche Hoffnung bleibt euch dann? Ihr alle sagt, ich sei ein Gott, euer Gott. Doch ihr verlässt mich bei den ersten Lügen von." ein Abtrünniger!"

Die Männer scharrten mit den Füßen. Ihre Gesichter waren verstört und voller Bitterkeit und Misstrauen. In manchen Augen konnte Tyr echten Hass erkennen.

„Warum bist du zurückgekommen?" flüsterte Fay und starrte auf einen fernen Berggipfel. „Um uns anzuzeigen? Um den Auspeitschern meinen Rücken zu kehren? Bin ich für die *Ardth so wertvoll*?"

Tyr flehte: „Hätte ich alleine zurückkommen sollen, wenn mein Ziel deine Gefangennahme gewesen wäre? Wenn das der Fall wäre, wäre der Himmel voller Flugzeuge! Ich wusste, dass du auf dem Weg zum Hügelgrab warst. Ich hätte euch alle zu Gefangenen machen können." Nun, wenn das meine Absicht war. Überlege es dir. Otho erzählt dir Lügen, um dich von der einzigen Sache abzubringen, die dir helfen könnte!"

Wie Kinder wurden ihre Gesichter hoffnungsvoll, als ihre Gedanken seine Worte aufnahmen. Fay biss sich auf die Lippe. Ihre braunen Augen musterten ihn unter ihren gelben Wimpern.

„Aber du hast diese Katha geküsst, nicht wahr? Du hast eine *Ardth* -Frau geküsst! Der Gott der Trylla würde das niemals tun."

Tyr konnte sehen, dass ihre unlogischen Überlegungen die anderen beeinflussten. Sie waren zögerlich, vorwurfsvoll.

Er sagte trotzig: „Ich habe sie geküsst, weil sie eine Frau war und wunderschön. Ich —"

Fay drehte ihr den Rücken zu. Die anderen blickten von dem Mädchen zu Tyr und wieder zurück zu dem Mädchen.

„Wegen diesem Kuss bin ich kein Verräter. Ich-"

Sie hörten nicht zu, sondern folgten Fay, die schnell davonging und auf die Hügel in der violetten Ferne zuging. Seine Finger schlossen sich zu leerer Bitterkeit, als er allein und elend dastand. Seine Leute ... folgen einem Mädchen in Richtung Zerstörung.

Trauer nagte an seinem Herzen. Es war also das Schicksal eines Gottes, dass seine Kinder ihn missverstanden, vielleicht sogar hassten. Dennoch machte er ihnen keine Vorwürfe. Sie waren so allein, so hilflos und so verängstigt.

Als Tyr zusah, wie sie sich entfernten, wusste er, dass sie ihn mehr denn je brauchten. Sie ließen den einzigen zurück, der eine Chance hatte, ihnen zu helfen. Ohne ihn waren die Trylla wie Spielzeug vor den harten, sicheren Händen der *Ardth* .

Er berührte den Griff der Solarpistole und ließ seine Finger davon gleiten.

Jetzt musste er den Hügelgrab alleine finden.

Zwei Tage später teilte Tyr die grünen Wedel eines Gebirgsstrauchs und betrachtete das strahlende Weiß des Hügelgrabs. Es war eine niedrige, abgerundete Kuppel, die über den harten, weißlichen Felsen eines seltsamen Berggipfels lag. Von seinem Standpunkt aus konnte er Bögen erkennen, die sich unter der Kuppel zurückzogen, viele davon. Es gab so viele Bögen, dass jeder wie ein Spiegelbild des anderen aussah.

Der Hügelgrab, dachte er mit dumpfem Triumph. Es war perfekt getarnt. Diese Rundheit ließ für einen Beobachter am Himmel kein Glitzern zu. Seine Niedrigkeit warf keinen Schatten. Sein Weiß verschmolz mit dem blendenden Glanz der weißen Bergfelsen. Kein Wunder, dass es jahrelang unentdeckt geblieben war. Obwohl Tyr so danach suchte, hätte er es beinahe verpasst. Nur die Bögen, aus einem bestimmten Winkel betrachtet, verrieten ihre Existenz.

Er rannte darauf zu und brach ins Freie ein. Erst als er sich den Bögen näherte, sah er die Frau, die seitlich auf dem Boden kniete. Vor ihr lag ein Mann auf dem Rücken.

Tyr ging auf den Zehenspitzen vorwärts, so lautlos wie eine Brise, die über Felsen weht.

Das Mädchen kniete neben dem Mann und bewegte ihre Hände schnell und kompetent über ihn. Dann lehnte sie sich zurück und schüttelte ihren dunklen Kopf. Die schwarze Bluse und die weißen Hosen kamen mir bekannt vor. Als er ihr Gesicht sah, als sie es hob, wusste er es.

„Katha", sagte er.

Das Mädchen wirbelte herum und griff nach einer Waffe an ihrer Hüfte. Aber als sie ihn richtig sah , stieß sie einen leisen Schrei aus und rappelte sich auf. „Tyr, Tyr! Oh, ich bin so froh, dass ich dich gefunden habe!" Und rannte auf ihn zu.

Er versuchte knapp zu sein, aber es war nutzlos. Aus diesen schwarzen Augen strahlte zu viel Freude, zu viel Lachen und Freude. Und sie war so feminin! Er streckte seine Hände aus und hielt sie an den Armen, sodass sie sich ein wenig von ihm entfernte. Tyr fragte sich, ob sie das wilde Pochen seines Herzens hörte.

"Warum?" er hat gefragt. „Warum bist du hier? Warum bist du auf der Suche nach mir gekommen?"

Das Lachen war wie eine musikalische Heiserkeit in ihrer Kehle. Sie warf den Kopf zurück, damit sie ihn mit ihren Augen festhalten konnte, und sagte: „Weil Space Commander Mason befohlen hat, Sie bei Sichtkontakt zu erschießen. Weil Sie ein dem Untergang geweihter Mann sind. Und weil – ich denke, Sie können die Trylla noch retten ."

„Du bist *Ardth* !“

„Es macht keinen Unterschied. Was bist du eigentlich?“

„Ich – ich weiß es nicht.“

Er wusste nicht. Stets zerrte diese Unsicherheit an seinem Innersten. Unwissenheit in ihm, wie eine Leere. Wer bist du, Tyr? Was bist du? Und wahnsinniges Gelächter antwortete: „Du weißt es nicht. Du wirst nie wissen, was du bist. Ein Gott? Ho! Nicht du, nicht Tyr.“

Sie sah die Leere in seinen Augen und das Elend. Ihre Stimme war sanft, zärtlich. „Tyr, kannst du das nicht sehen? Du bist – Tyr.“

Er schüttelte den Kopf, das Herz klopfte ihm schwer.

Sie weinte zwischen Lachen und Schluchzen: „Aber du bist der Erste, Tyr, der Erste deiner Art! Das kann ich dir sagen. Du bist ein biochemischer Neuling.“

"Was bedeutet das?"

„Ich weiß es nicht. Niemand weiß es. *Du* musst es dir zuerst selbst beweisen. *Du* musst etwas über dich lernen, und dann werden andere es wissen. Wer kann eine neue Sache am besten verstehen, wenn nicht die Sache selbst! Erkunde dich selbst, Tyr – und wissen!"

Katha steckte einen Finger in das schwarze Geflecht ihres Gürtels und zeichnete mit der Spitze ihrer Sandale Muster in den Sand. „Ich musste kommen und dich finden. Ich konnte dich nicht sterben lassen. Außerdem ist etwas an dem, was du tust. Wenn die Trylla mit den *Ardth* freundlich gemacht werden könnten , würden sie uns helfen. Vielleicht könnten sie einen Weg finden, die zu behalten Leuchtet vom Sterben. Die *Ardth* brauchen Hilfe. Du könntest der Agent sein, der *Ardth* und Trylla zusammenbringt.“

Aus tiefster Bitterkeit lachte Tyr schallend.

„Ich bin nur einer gegen die *Ardth* . Ich habe keine Verbündeten. Sogar die Trylla wenden ihr Gesicht von mir ab. Das Einzige, was mich weitermachen lässt, ist der Gedanke, dass ein Gott sein Volk beschützen muss. Auch wenn sie ihn hassen.“

„Dann denken Sie an die Belohnungen, die die Trylla ernten können, wenn Sie sie mit den *Ardth* in Freundschaft vereinen. Die *Ardth* sind nicht nur Eroberer, sondern auch Kolonisatoren Sogar Fornax gibt es viele Wunder.

„Sie waren noch nie in Zafega auf Fomalhaut-2. Sie haben die Creata - Bildschirme nicht gesehen , auf denen Ihre Träume Wirklichkeit werden, auf denen die Tiefen des Unterbewusstseins in Diagrammen erfasst und in Bilder

übersetzt werden. Das ist unglaubliche Schönheit und Schrecken darin."
Einer! Niemand ist jemals derselbe, da er seine Träume in einem wachen
Moment gesehen hat.

„Dann gibt es die Geschichten , die die Vergangenheit wieder aufleben lassen
und daraus ein lebendiges, atmendes Ding machen. Man konnte die
Geschichte von ganz Lyallar , Tyr, von seinen ursprünglichen Anfängen bis
zum …" sehen.

Tyr flüsterte grob: „Dieser Anblick würde mir noch bitterer klar machen, was
es heutzutage bedeutet, ein Tryllaner – und am Leben – zu sein."

Katha drehte ihm den Rücken zu und blickte über Felsen und Sand zu einem
fernen Rand silberner Bäume. Tyr biss sich auf die Lippe und starrte auf ihre
wohlgeformten Schultern. Narr! Um die einzige Person auf dem ganzen
Planeten zu entfremden, die sich darum kümmerte, ob –

Ein altes Gesicht, das auf dem Boden lag, seine Augen sahen es. hagere
braune Wangen und spärliches graues Haar auf einem runden Schädel. Harl
. Der Alte mit einem Gehirn voller Kriegsmagie und wissenschaftlichem
Wissen, das allen Trylla außer ihm selbst verloren ging. Harl war tot.

<hr>

IV

Katha hat ihn getötet. Deshalb war sie hier. Sie kümmerte sich überhaupt
nicht um seine Chancen, die Trylla zu befreien . Sie war eine Spionin. Und er
glaubte ihr Gerede über Bildschirme und Luxus und die Freuden, der *Ardth
beizutreten* !

Seine Hand legte sich auf ihr Handgelenk und drehte sie zu ihm herum. Ihre
schwarzen Augen weiteten sich, voller Angst angesichts der wahnsinnigen
Wut in seinem Gesicht. Unter dem Griff dieser Hand gruben sich ihre Knie
in den Sand.

„Du hast ihn ermordet. Du-"

„Nein! Oh nein, Tyr! Sein Herz blieb vor Aufregung stehen. Er – er dachte,
der *Ardth* hätte das Hügelgrab gefunden. Es *ist* das Hügelgrab, nicht wahr?"

„Ja", murmelte er benommen und blickte von ihr zu den zurückweichenden,
verwirrenden Bögen.

Beschuldige sie noch einmal, Tyr. Lass dich nicht von diesen großen
schwarzen Augen täuschen. Sie ist eine Verräterin, oder? Stattdessen ist sie
eine Spionin. Beschuldigen Sie das Einzige in ganz Lyallar , das an Sie glaubt.
Zerschmettere ihren Glauben. Töte sie mit deinen Händen. Stehen Sie allein,
wie Sie es immer getan haben.

"NEIN!" Er stöhnte und schwankte auf seinen großen, weit ausgebreiteten Beinen.

Die Frau kniete nieder und sah zu ihm auf.

Seine Augen schlossen sich, während Gedanken durch sein Gehirn schossen. Sie hat Harl getötet . *Sie trägt keine Waffe, sein Körper weist keine Anzeichen von Gewalt auf!* Sie ist eine Spionin für Mason und wird Sie verraten. *Sie ist alleine zu dir gekommen!* Töte sie und sei in Sicherheit. Vertraue nicht auf deine Stärke, um gegen das zu kämpfen, was kommen mag.

Er streckte seine großen Hände aus und packte sie an den Schultern. Er hob sie hoch und drückte sie an sich. Er ließ Küsse auf ihren weichen Mund regnen.

Nach einer Weile bewegte sie sich sanft.

Sie flüsterte, ihr schwarzer Kopf an seine Brust geschmiegt: „Du liebst mich, Tyr?“

"Ja."

„Du bist zum Hügelgrab gekommen, Tyr. Lass uns tun, was du getan hättest. Gerüchten zufolge befinden sich darin Waffen.“

„ Harl war der Einzige, der ihren Nutzen kannte.“

Sie rieb ihre Arme mit ihren Handflächen und liebte den blauen Fleck dort, wo seine Hände gelebt hatten. Sie tadelte: „Pfui, Liebling. Ein Gott kann jede Waffe verstehen.“ Und als er scharf hinsah, um den Spott in ihren Augen zu suchen, sagte sie einfach: „Ich meine es ernst. Du kannst sie verstehen, wenn du willst. Deine Meinung ist anders. Versuch es!“

Als sie unter den unzähligen Bögen hindurchgingen und ihre Füße in der Stille laut auf den Marmorboden traten, sagte Tyr: „Wenn ich diese Waffen nicht benutzen kann, ist die Sache der Trylla für immer verloren.“

Ein Labyrinth seltsamer Dinge und Gegenstände, platziert auf Regal und Theke, unter Glas und auf Metall. Labyrinthe aus Plastilin und Stahl, die glitzerten und schimmerten und Zapfen, Dreizacke und Metallringe beschatteten. Und nichts davon war für den braunen Riesen, der dastand und starrte, auch nur annähernd verständlich.

Katha legte eine Hand in seine und sagte: „Du schaffst es, Tyr. Ja, das schaffst du!“

Er schüttelte den Kopf, ging aber hin und blieb vor den Maschinen stehen. Mit zusammengekniffenen Augen betrachtete er geschwungene Generatoren und kuppelförmige Turbinen. Langsam, fast widerstrebend, begann er sie zu verstehen. Wenn nur-

Ein Strahl gelben Sonnenlichts schwamm zitternd und bewegend durch eine Pergaminöffnung in der Wand. Es berührte Tyr und umhüllte sein braunes Gesicht und sein dunkles Haar mit seinem Glanz. Das Sonnenlicht war heiß und beruhigend. Tyr lächelte schwach und wusste, dass das Licht die geheimen Facetten seines Gehirns öffnete, ihnen Energie zuführte und seinen Geist zum Arbeiten brachte, ob er es wollte oder nicht.

Jetzt verstand er diese stillen Maschinen.

Er drückte einen Knopf und beobachtete, wie ein Motor pochend und summend zum Leben erwachte. Wo die blauen Scheiben waren, war sein Auslass. Sie wurden rot und leuchteten. Wenn sie weiß wurden, würde sich ein Energiestoß ausbreiten, und er wollte nicht, dass das noch geschah. Er schaltete den Strom ab.

Katha ging mit ihm. "Du weisst?" fragte sie leise.

"Ich weiß."

„An einer Seite gibt es eine Küchenzeile“, sagte sie. „Ich werde mir Essen zubereiten. Dann erzähl mir von deinen Plänen!“

Als sie ihn verließ, wandte sich Tyr wieder den Metallriesen zu und berührte Hebel und Stangen. Er verlor sich in ihren Feinheiten, wie es ein Junge mit neuen und komplizierten Spielzeugen tut.

Er hörte Katha nicht aus dem Nebenzimmer schreien. Er hörte die Schritte nicht. Er sah das Mädchen nicht, das mit Gaarn und Texel kam und mit einer Solarpistole in der weißen Hand in der Tür stand.

Ein Flammenball explodierte zwischen den Spulen und Antennen einer großen Maschine. Ein anderer fiel auf einen riesigen Dynamo. Noch ein anderer pfiff schrill, während er sich einen Weg durch Zapfen und Ringe bahnte .

Tyr wirbelte herum, aber es war zu spät. Fay feuerte schnell, so schnell sie den Knopf drücken konnte. Die gelben Strahlen fraßen und tranken sich durch die Maschinen, bis jede einzelne zerschmettert und zerstört lag.

Tyr lachte bitter.

„Zerstöre jede Chance“, sagte er. „Deine Freiheit liegt auf dem Boden, inmitten dieser verdrehten Metalldinger.“

Fay hob die Waffe und richtete sie auf ihn. Sie sagte kühl: „Die *Ardth* werden niemals unsere Waffen erhalten, Tyr. Ich habe sie zerstört, bevor du ihnen die *Ardth bringen konntest.*“

Ardth mitbringen ! Was für ein verrücktes Gift frisst sich in deinem Gehirn auf, du Trylla ? Was kann ich ohne Waffen tun?"

„Die Alten werden sie nie bekommen!"

„Die Alten brauchen diese Dinge nicht. Sie haben bessere. Vor hundert Jahren haben sie Männer geschlagen, die diese Waffen benutzten. In dieser Zeit haben sie neue Waffen, bessere Waffen! Was würden die *Ardth* mit solchen Dingen wollen?"

In den Augen einiger herrschte Zweifel, aber Fay hob ihre Waffe. Tyr ging auf sie zu und sah den roten Hass in ihren Augen. Ihr Finger berührte den Bolzen und gelbe Feuerbälle sprangen auf ihn zu und spritzten über seine Brust.

Er ging weiter, unaufhaltsam. Die Energie der gelben Kugeln strömte in ihn hinein. Seine Arme spannten sich, als er ihr die Waffe wegnahm.

Mit der weißen Hand auf ihrem sich windenden Mund starrte Fay ihn voller Ehrfurcht an. Tyr legte seine Finger um die Waffe. Das Metall zerknitterte in seiner Hand. Als er seine Hand öffnete, prallten die Überreste auf den Boden.

Tyr legte eine Hand auf Fays Schulter und schob sie beiseite. Gaarn und der junge Texel beobachteten ihn mit faszinierten, verängstigten Augen. Er stürzte in die Kammer, in der Katha geschrien hatte.

„Katha!" er hat angerufen.

Sie lag auf einem langen weißen Tisch und wurde von starken Stahlgurten gehalten. Ihre Kleidung war etwas zerrissen. Ihre dunklen Augen begegneten ihm aus den Augenwinkeln, während ihr roter Mund ein wenig lächelte.

Er stürzte in die Kammer, in der Katha lag. Ihre dunklen Augen trafen seine.

„Ich habe versucht, dich zu warnen. Die Trylla mögen das *Ardth nicht* . Sie wollten, dass ich am Leben bin, um Geheimnisse von mir zu erfahren." Sie verzog das Gesicht. „Ich weiß nicht, ob ich der Folter hätte standhalten können."

„Das ist jetzt nicht mehr nötig", grunzte er, schob seine Hände unter die Riemen und ließ sie platzen. Er hob sie hoch und hielt sie auf seiner Brust.

„Ich bin nicht mehr der Gott der Trylla ", krächzte er bitter und blickte auf sie herab. „Ich werde von ihnen gehasst. Jetzt bin ich – nichts!"

Sie war sehr rund und sanft auf seinen Rippen. Tyr verstärkte seinen Arm und beobachtete ihren Mund. Katha verzog das Gesicht und verspottete ihn.

„ Mann oder Gott – du tust weh!"

Er lockerte seine Arme ein wenig und hielt sie immer noch fest. Er ging den Korridor der Bögen entlang, während Fay und die anderen aus dem Schatten zusahen. Seine Schritte waren sanft, aber tödlich. Es war, als würden seine Füße einen *Totentanz* für das Tryllan- Rennen anstimmen.

Tyr trug das Mädchen zu ihrem Düsenflugzeug, das zwischen den Felsen versteckt war. Er hob sie hinein und schwang sich nach oben, beide Hände an den glatten Knetgriffen. Die Tür klickte hinter ihm.

Katha ließ sich vor einem komplizierten Steuerpult auf einen roten Ledersitz fallen. Ihre weißen Finger berührten Nadeln. Das Schiff rumpelte und bebte. Langsam rollte es vorwärts und nahm Fahrt auf. Vom Backbordfenster aus beobachtete Tyr, wie die weiße Kuppel des Barrow unten einstürzte. Er richtete seinen Blick nach vorne und sah, wie sie das Flugzeug über einen Saum von *Hibithusbäumen hob*, um in den wolkenlosen Himmel zu schießen.

„Katha, ich bin obdachlos.“

Obdachlos und Wanderer, ohne Volk. Die Trylla waren sein Volk gewesen, falls ein Gott jemals ein Volk hatte. Jetzt hatten sie sich gegen ihn gewandt, hatten mit ihm gebrochen und sogar versucht, ihn zu töten. Es war Bitterkeit auf seiner Zunge und in seinem Herzen. Eine Bitterkeit, die brannte und schmerzte.

Aus tiefstem Schmerz rief er: „Ich möchte ein Teil von etwas sein, Katha! Ich bin weder Tryllan noch *Ardth*. Was bin ich?“

Die Frau ergriff seine Hand und drückte sie an ihre Lippen. Sie flüsterte leise: „Für mich bist du immer ein Gott, Tyr. Ich liebe dich. Du liebst mich.“

„Ich habe dich. Ja, das macht alles andere wett.“

Er seufzte. „Aber ich sage mir immer wieder, dass ich versagt habe. Dass ich nicht alles getan habe, was ich konnte, um die Trylla zu befreien .“

„Was ist mit dem Turm, Tyr? Du hast gesagt, er enthält seltsame Dinge. Vielleicht handelt es sich um eine Art Labor. Ich könnte dort Tests an dir durchführen und versuchen, deine Absichten und Fähigkeiten herauszufinden.“

„Ja, der Turm. Das hatte ich vergessen. Er könnte ein Zuhause für uns sein. Eine *Ardth* -Frau und eine – eine Unbekannte!“

„Ich kann *es* nicht mehr. Das habe ich aufgegeben, als ich hinter dir her war. Ich wusste, was ich tat.“

Er kniete nieder, zog sie an sich und sagte: „Es gibt für keinen von uns einen Platz außer für den anderen. Zwei Wanderer.“

„Zwei Wanderer“, seufzte sie. „Mit einem Ziel. Ein verrückter, verrückter Glaube an sich selbst. Zu kämpfen, auch wenn es keine Chance auf einen Sieg gibt!“

Der Turm stand dürr und einsam da und erhob sich in einen blauen Himmel. Als sie darauf zugingen, bildete sich unter ihren Füßen verkrusteter Staub zu Wolken. Der Turm war stark und dick gebaut und ragte in seiner Einsamkeit über die flache Erde hinaus. In dieser Hinsicht ähnelte es ein wenig Tyr selbst, dachte Katha. Sie betrachtete die flachen Strebepfeiler und Bogenfenster.

„Das hat ein *Ardth* -Mann gebaut“, sagte sie.

„Wenn er es tat, machte er es gleichzeitig zum Labor und zum Zuhause.“

Katha runzelte ihre dünnen schwarzen Brauen. „Aber welcher *Ardth* hat jemals einen solchen Turm auf Lyallar gebaut ?“ Sie wunderte sich.

Tyr stieß die große Holztür auf. Der runde Raum war mit Zifferblättern und Tafeln ummantelt, kühl und düster. Es verströmte einen schwachen und moschusartigen Geruch. Ein runder Tisch war mit Fläschchen, Glasglocken und Retorten bedeckt. Regale säumten die Wände und Flaschen säumten die Regale. Auf der anderen Seite des Raumes führte eine Metalltreppe in die oberen Stockwerke.

Katha wanderte umher, Freude leuchtete in ihren Augen. Sie hob Fläschchen hoch und roch an Chemikalien. Gelächter gurgelte in ihrer Kehle.

„Aber das ist wunderbar. Es ist fast so vollständig wie mein eigenes Labor. Wer hat diesen Ort gebaut, Tyr? Kannst du es mir sagen?“

Er zeigte ihr ein großes, in geprägtes Leder gebundenes Buch.

„William Rohrig !“ Sie weinte, als sie die goldenen Buchstaben sah, die in den Einband eingeprägt waren. „Warum – warum, er war ein *Erdengenie* ! Wir haben uns oft gefragt, was aus ihm geworden ist! Er sollte nach Antares reisen, um die Lebensbedingungen auf einem der äußeren Planeten zu studieren. Commander Mason würde sich freuen –“

Sie brach ab und blickte Tyr von der Seite an.

Er sagte: „Wenn ich nicht wäre, könntest du zurückgehen. Du könntest trotzdem gehen. Ich –“

Ihre weiße Handfläche bedeckte seinen Mund. „Sag es nicht, Tyr. Wir werden das durchstehen, du und ich.“

„Wenn es nur eine Möglichkeit gäbe , die *Ardth davon zu überzeugen* , dass sie und die Trylla in Frieden leben könnten! Die Trylla misstrauen mir und die *Ardth* hassen mich, denn ich bedrohe ihre Macht. Katha, Katha! Es gibt keine Antwort.“

„Es gibt immer eine Antwort auf ein Problem. Das einzige Problem ist, dass es lange dauert, bis man sie sieht.“

Während Tyr am Tisch arbeitete und unter Kathas Anleitung Tests und Experimente durchführte, um die Kräfte seines Geistes zu testen, machte Katha den Turm zu ihrem eigenen. Sonnenlicht fiel durch ein offenes Fenster auf Tyr. Über sich hörte er ihre Schritte , hörte sie Dinge anheben und die Freudenschreie, als sie Notizbücher ausgrub, die einst Rohrig gehört hatten .

Sie verbrachten ihre Tage mit Arbeit und Lachen. Katha machte viele Tests an ihm und sagte: „Du bist ein biologisches Wunder, Liebling. Ich weiß nicht viel über Wunder, also muss ich es langsam und tastend lernen.“

Aber sie hat ihre Erkenntnisse nie vollendet. Eines Tages entdeckte sie in einer Ecke des großen Schreibtisches im zweiten Stock ein verstaubtes altes Tagebuch. Drei Stunden lang saß sie wie verzaubert da und rührte sich nicht, bis Tyr sie jagte, besorgt über ihr Schweigen. Er fand sie mit Tränen in den Augen, ihre weißen Zähne knabberten an ihrer vollen Unterlippe.

Als sie hereinkam, blickte sie auf und flüsterte: „Kennst du deinen Namen, Tyr? Deinen vollständigen Namen?“

„Tyr. Ein Ring um meinen Hals trug es.“

„Das waren nur deine Initialen. Dein richtiger Name ist Theodore Young Rohrig . Dein Vater war William Rohrig . Du bist *Ardth* , Tyr!“

Er starrte sie an. Sie klatschte in die Hände, ihre schwarzen Augen leuchteten.

„Er wusste von dir. Oh, er war brillant, Tyr – oder Ted! Er kannte deine Funktion. Er nannte dich einen Mutanten, Liebling. Kein Magen, keine Lunge, kein Bedarf an Wasser. Der zukünftige Mann! Ich kann es jetzt sehen dass mir die Augen geöffnet wurden. Es ist die Natur, die ständig nach Perfektion strebt und ihre Produkte mit den Notwendigkeiten ausstattet, um in ihrer Umgebung zurechtzukommen! In dir ist sie der passende Mann für die Raumfahrt, Liebling!

„Dort draußen zwischen den Sternen, ohne Lunge und ohne Bedarf an Nahrung oder Wasser, könnte man ein Schiff zerlegen und wirklich reisen. Lichtjahre würden dir nichts bedeuten. Nur eine Batterie von Sonnenlampen, die dich ernähren . Sie würden kaum altern, denn Sie beziehen Ihre Wärme aus externen Quellen, anstatt sie in Ihrem Gewebe zu erzeugen, wie es bei normalen Männern der Fall ist! Ihre Organe übertragen die Wärme und Energie lediglich in Ihre Muskeln und Ihr Gehirn. Es gibt keine Nahrung um verdaut und in Energie umgewandelt zu werden, um in den Zellen in Wärmeenergie umgewandelt zu werden. Deine Energie kommt von außen!“

„Du lässt es wichtig klingen.“

„Es *ist* wichtig! Ich habe das Gefühl, ich verstehe nicht, *wie* wichtig du wirklich bist."

Grimmig sagte er: „Wenn wir nur die *Ardth* und die Trylla davon überzeugen könnten!"

Katha packte seinen Arm und sagte grimmig: „Tyr – Ted – oh, ich nenne dich Tyr! Du kannst nicht aufgeben. Du musst kämpfen. Die *Ardth* sind Kämpfer, Tyr. Dein Vater war ein Kämpfer. Er kam hierher mit seine Frau, weil er Weltraum-Lepra hatte! Das stimmt. Und seine Frau kam mit ihm. Du wurdest auf Lyallar geboren – weit, so weit von deinem Heimatplaneten entfernt. Er ist vor langer Zeit gestorben, William Rohrig , aber das Herz seines Kämpfers starb nicht. Ich werde nicht sterben."

Ein roter Fingernagel bohrte sich in das Fleisch seiner Brust. „Dieses Herz ist in dir, Tyr. Es will kämpfen. Vielleicht weiß es nicht wie, aber nur aus diesem Grund bist du traurig. Du kämpfst nicht!"

Tyr flüsterte heiser: „ Sag mir wie, Katha. Wie soll ich kämpfen?"

„Wie willst du kämpfen? Was sagen dir dein Herz und dein Gehirn?"

Er stand auf und ließ das Sonnenlicht auf seine Stirn fallen. Während er dort stand, wurde es immer heißer, und in seinem Schädel spürte er, wie sich etwas regte, und erkannte, dass sich sein Gehirn öffnete. *Bekämpfe sie dort, wo sie am verwundbarsten sind, Tyr. Triff sie in ihrem Innersten!* Die innere Stimme, die sein Gedanke war, flüsterte erneut: *Zerstöre das Leuchten!*

„Ich muss das Leuchten zerstören", sagte er zu ihr.

Katha schauderte und flüsterte entsetzt: „Das kannst du nicht! Du würdest daran sterben, lange bevor du überhaupt dorthin kommst. Das Leuchten ist schrecklich, großartig, Tyr!"

Als er sich umdrehte, hinterließ das Sonnenlicht ein Muster auf seiner Brust. „Trotzdem muss ich das tun."

Die Frau senkte den Kopf und nahm seine Hand.

Die Stadt Mart breitete sich wie eine faule Schnecke in der Prärie aus. Flugzeuge rasten über seine Mauern und flogen in unermessliche Entfernungen. Das tiefe Summen der Stimmen der Händler, als sie ihre Waren nannten, vermischte sich mit dem sanften Rollen der Gyrocars und bildete die Seele der großen Metropole. Bewaffnete Wachen klirrten über die Pyramidenwände.

Ein großer Mann , gekleidet wie ein Berghirte, mit Wollmantel und Kapuze, stolzierte neben einer Frau her, die mit gesenktem Kopf ging und sich an seinen Arm klammerte. Hin und wieder flüsterte die Frau etwas mit ihm, und der Mann bog in eine andere Straße ein.

Sie hatten Staub auf ihren Mänteln und Staub auf ihren Füßen, diese beiden. Gelegentlich stolperte die Frau, denn sie war eine geborene Schauspielerin. Doch weniger als fünf Kilometer von der Stadtmauer entfernt lag ein Flugzeug, versteckt hinter den Zweigen der *Hibisthenbäume* .

„Wir sind fast bei der Kommune", flüsterte die Frau.

„Hier sind keine Menschen", sagte der Mann.

„Ihre Trylla nähern sich nicht in der Nähe des Gebäudes, in dem sich das Glow befindet. Sie haben zu große Angst davor."

Sie gingen schneller und verlängerten ihre Schritte. Gegenüber einem hohen weißen Gebäude, in dessen Stein der Schriftzug „ *Arth* " *eingraviert war, verlangsamten sie das Tempo, und die Frau sprach erneut.*

„Dort ist das Leuchten, tief in den Eingeweiden der Erde unter der Zitadelle verborgen. Dort gibt es immer Wachen. Sie müssen überwunden werden."

Der Mann warf den Umhang zurück und enthüllte darunter seine große Brust und die langen nackten Arme. Er warf den Kopf zurück und betrachtete das Gebäude eifrig.

„Sie werden überwunden werden!"

Der Umhang fiel zu Boden und der goldene Riese verschwand mit großen Schritten, die ihn zu den Türen der Zitadelle und in sie hinein trugen. Die Frau stand da und schaute zu, dann bückte sie sich, hob seinen heruntergefallenen Umhang hoch, warf ihn über ihren Arm und folgte ihr.

In der Dunkelheit der Zitadelle ging Tyr barfuß und mit unheimlicher Stille. Ein Wächter kam auf ihn zu und er flüchtete in die Dunkelheit. Als die Wache fünf Schritte entfernt war, schlug Tyr zu.

Er senkte die Wache und ging weiter. Vor ihm kamen Stimmen.

„Dieser Tyr wird wissen, wie stark die *Ardth sind, wenn er erfährt, was* Zarman widerfahren ist !"

„Aye! Ich frage mich, was aus ihm geworden ist? Ist er tot?"

„Er nicht. Er wartet auf den richtigen Zeitpunkt. Er hofft auf einen Aufstand der Trylla !"

„ Welche Chance haben die Trylla , wenn Zarman und seine Crew heute hingerichtet werden ?"

Tyr wurde zu Stein verwandelt. Sein Herz hämmerte in seiner Brust. Zarman muss sterben! Aber wie hatte ihn der *Ardth getroffen?* Sobald er gefangen genommen wurde, wäre er doppelt so vorsichtig! Seine Hände hoben sich im Schatten zu den Wachen, aber er hielt sie still.

Tyr drehte sich um und ging weiter.

Er wusste nichts von den Männern draußen auf der Straße, die plötzlich stehen blieben und Katha aufgeregt ansahen. Ihre Schritte, als sie über die Straße auf sie zuliefen, blieben für ihn unhörbar, während er durch die Korridore der Zitadelle rannte.

Katha hatte keine Chance zu schreien. Ein Handgelenk klemmte ihr in die Kehle und eine *dunkle* Stimme flüsterte: „Verräterin!"

Tyr rannte weiter.

Ein schweres Pochen hallte durch die Stahlkorridore, über die polierten Landebahnen und in die getäfelten Räume der Zitadelle. Tief unten, scheinbar in den Eingeweiden des Planeten, erklang der monotone, beängstigende Schlag und Donner des Glühens, pulsierend in einem kraftvollen Rhythmus. Nicht viele Männer blieben lange in diesem Gebäude und die Wachen wurden alle paar Stunden gewechselt. Niemand war je mit so viel Freude dorthin gerannt wie Tyr.

Seine Füße berührten beim Laufen kaum den Boden. Er spannte seine Muskeln an und testete seine Kraft. Er war fit und fit, nachdem er eine Woche lang in der prallen Sonne gelegen und sich unter den von Katha aufgestellten Sonnenlampen gesonnt hatte, um ihr bei ihren Tests zu helfen.

Ein Wachmann sah ihn und zog nach einer Waffe, aber Tyr nahm sein Gesicht in seine Handfläche und schlug mit dem Kopf gegen die polierte Stahlwand, sodass er zuckend, aber am Leben blieb. Tyr rannte jetzt schnell, immer weiter bergab, entlang der Rampen, tiefer in die Erde.

Je weiter er ging, desto mürrischer wurde das Pochen und Brüllen. Es hämmerte gegen die Schläfen, erschütterte die Wände und wogte überall herum.

Auf einem Türsturz vor einem Metallaufzug war das Wort „*Arth*" eingraviert. Tyr wusste, dass es die Warnung des Glühens war. Aber er streckte seine Hand aus, öffnete die Aufzugstür und trat ein. Er legte den Schalter um.

Für einen Moment verspürte er ein Gefühl des Niederfallens, aber das verging, als Tyr durch seine kleine Zelle ging und seine Arme und Beine trainierte. Er war angespannt und aufgeregt und wartete, wartete. Das sollte der Test sein. Katha sagte, wenn er es überleben würde, wäre es das wunderbarste Gefühl seines ganzen Lebens. Dass es ihn auf alchemistische Weise verwandeln würde.

Es war jetzt warm. Das Auto fiel immer schneller. Tyr fragte sich, warum der *Ardth* sich überhaupt die Mühe machte, ein Auto zu haben. Wenn der Glow nur ein Gerücht wäre, müsste der *Ardth* jedes Mal, wenn diese Reise unternommen würde, ein neues Auto bauen. Aber das Ritual der Sache! Die *Ardth müssen ihren abergläubischen Einfluss auf die* Trylla aufrechterhalten .

Er lächelte. Der *Ardth* ! Sie waren seine Rasse, ein Volk, das einen Planeten namens Erde als seine Heimat bezeichnete. Es klang so sehr nach dem Trylla -Wort *ardth* , was „alt" bedeutet, dass die Trylla sie immer so genannt hatten. Sogar die Erdenmenschen akzeptierten den Begriff.

Heiß war das Auto, wie eine monströse Blase aus feuriger Luft. Das Licht, gelb und strahlend und blendend, drang durch Risse in den Türfugen ein.

Das Metall des Wagens färbte sich rot, vertiefte sich zu einem Kirschrosa, verblasste zu einem kalten Blau und dämmerte zu einem blassen Weiß …

Im Auditorium der Ahnen saß Space Commander Mason träge auf dem Elfenbeinthron mit der hohen Rückenlehne unter einem gewölbten Baldachin. Fächerweise vor ihm standen prachtvoll uniformierte *Polizisten* , die mit steifem Rücken dem Mädchen mit schwarzem Haar und schwarzen Augen gegenüberstanden.

Fünfzehn Fuß vom Thron entfernt stand Katha mit zurückgeworfenem Kopf und lächelte Commander Mason an. „Ihre Männer sind effizient, Space Commander", sagte sie. „Sie haben mich auf der Straße gefunden."

Ardth gibt es niemanden, der so liebenswert ist wie Katha ", lächelte Mason. „Es gibt auch niemanden, der so heimtückisch ist."

„Ich bin nach Tyr geflohen, weil ich das Gefühl hatte, dass er uns hilft. Er ist – und wird eine Hilfe sein. Er ist jetzt losgezogen, um das Leuchten zu zerstören."

Mason sprang in einem gewaltigen Geschwindigkeitsexplosion von seinem Sitz auf. Seine Hände packten ihre Arme.

„Zerstöre das Leuchten? Bist du verrückt? Ist er? Nichts kann das Leuchten zerstören! Welches Geheimnis kennt er?"

„Kein Geheimnis, außer sich selbst. Er ist Tyr."

Mason ballte die Faust und sagte: „ Du hast gesagt, er könnte uns helfen. Es hilft nicht, das Leuchten zu zerstören!"

„Er kann es nicht zerstören. Das wird er lernen!"

„Ich denke, er wird es auch tun. Es wird ihn zerstören, lange bevor er es erreicht. Aber ich habe genug mit dir gesprochen. Du musst für Handlungen sterben, die dem Wohlergehen der *Ardth abträglich sind* ."

Space Commander Mason klatschte in die Hände. Wachen betraten eine Tür, und hinter ihnen kamen zerlumpte Männer mit ausgepeitschten Rücken, blutend und mit Handschellen gefesselt. Katha ging auf sie zu, bevor Mason sie erwischte.

Sie rief: „Wer von euch ist Zarman ?"

Ein großer Mann hob das Gesicht, das von den Schlägen geschwollen war. Seine Augen waren mürrisch, als er durch den Raum blickte und auf eine Gruppe von Trylla blickte, die in regenbogenfarbene Seidengewänder gekleidet waren. Otho grinste neben Fay, die eine riesige Smaragdkette um ihren weißen Hals trug. Ihre Hand befingerte es liebevoll. An ihrer Hand glänzte ein goldener Ring mit den eingravierten Buchstaben TYR .

„Sie trägt den Ring von Tyr", krächzte Zarman . „Sie kam mit einer Lügenbotschaft zu uns und wir glaubten ihr. Sie führte uns zu – dem *Ardth* !"

Yatha-sath gehört hatte .

Commander Mason räusperte sich.

„Bringen Sie sie alle, einschließlich Katha, zum Platz des Sterbens. Wir werden Zeuge, wie sie zusammen hängen."

Tyr lachte laut und streckte sich, während er spürte, wie ein wildes Feuerinferno ihn umhüllte. Seine Poren öffneten sich eine nach der anderen und akzeptierten dieses wahnsinnige Glühen mit einem seltsamen und fremden Hunger. Ein Mann wäre schon vor langer Zeit im Wahnsinn gestorben, aber Tyr ist nicht gestorben.

Er beobachtete, wie sich das Metall des Autos in kugelige, geschmolzene Metalltröpfchen verwandelte, die sich ausbeulten, sickerten und Blasen bildeten. Ein Kabel trennte sich und das Auto rutschte frei.

Überall um ihn herum herrschte Helligkeit, während er zusah, wie das Auto in wilden Farben aufleuchtete. Die schillernden Farbtöne von Rot, Blau und Weiß blitzten einen zitternden Augenblick lang auf und verschwammen dann zu einem Nebel, der wie ein Bad aus winzigen Farbpartikeln aussah.

Tyr griff nach einem Felsvorsprung aus Vulkangestein und klammerte sich daran fest. Er erhob sich und stellte sich auf einen Steinvorsprung.

Unter ihm, in einem mächtigen Abgrund schwebend, war das Leuchten.

Das Leuchten war eine winzige Sonne!

Es hing in einem endlosen Abgrund. Es pulsierte und pochte und zitterte und schoss Feuerstrahlen nach oben und um es herum. Aus seinem sich bewegenden Kern schossen die springenden Zungen hervor, verbrauchten ihre Energie und stellten durch ihre eigene unvorstellbare Hitze die Elemente wieder her, um den Prozess von vorne zu beginnen.

Vor vielen Jahrhunderten entdeckten die Erdenmenschen die Sonnenenergie. Als deVries die multilineare Kernschattenzelle erfand, entdeckte er, dass sie Scharen von Wasserstoffatomen enthielt, die so weit erhitzt werden konnten, dass sie zu einer atomaren Sonne wurden. Aus diesen Energiestücken bauten Wissenschaftler ihre eigenen kleinen Sonnen und hängten sie in tiefe Abgründe. Aus ihrer ewigen Kraft bezogen sie die Energie, die sie zum Antrieb ihrer Maschinen und zur Beleuchtung ihrer Häuser brauchten. Sie speisten die Sonnenenergie durch Tentakel aus gesponnenem Carborungsten in Generatoren und Dynamos ein.

Die Erdenmenschen nahmen diese Sonnen mit durch die Leere, zu Planeten wie Lyallar und zogen sie in ihren tiefsten Abgründen auf. Und wohin gingen die Sonnen, sie waren Objekte des Schreckens und der Ehrfurcht.

Dies war für Tyr kein Grund zum Schrecken.

Als er auf dem Felsrand stand, lachte er, hob die Arme und spürte, wie gigantische Hitze und Energie direkt in ihn einströmten. Tyr brauchte keine Wolframkabel , um den Dynamo seines Körpers anzutreiben. Die Follikel seiner Haut öffneten ihre hungrigen Münder und saugten diese Energie in ihn ein.

Tyr veränderte sich und stand da.

Er wurde selbst zur Energie, jede Pore und jedes Organ füllte sich bis zum Anschlag mit der Hitze und dem Licht dieser leuchtenden Kugel. Er wurde zum Bersten gebracht.

Tyr wandte sich der zerklüfteten Steinmauer zu und begann zu klettern.

---

ein Galgen und hob seine schwarzen Arme in den blauen Himmel. Von der Querstrebe hingen Schlingen aus Plastilin, die wie silbrige Netze aussahen. Männer und eine Frau standen unter diesen Reifen aus durchsichtigem Plastik auf einer erhöhten Plattform.

Raumkommandant Mason sagte zu Katha: „Ist dir jetzt klar, dass dein Menschengott Tyr nichts im Vergleich zum *Ardth ist* ?"

„Tyr ist die einzige Hoffnung, die die *Ardth* haben", flüsterte sie. „Ich habe Ihnen gesagt, sein Vater war William Rohrig ."

„Eine Geschichte, die darauf ausgelegt ist, mich in Erstaunen zu versetzen. Ich glaube dir nicht."

„Ich habe Ihnen gesagt, dass sein Körper anders ist, dass er Sonnenenergie aufnehmen und in menschliche Energie umwandeln kann, ohne dass sein System verschleißt. Dass er ein zukünftiger Mensch ist, ein Mann in einem Körper, der dazu geeignet ist, sich in den Weltraum zu wagen, weit über das hinaus, wohin wir gegangen sind.

„Ich glaube immer noch nicht."

Ein Mann kam und legte der Frau die Schlinge um den Hals. Sie schüttelte den Kopf, als er es mit einer lila Maske verdeckt hätte.

„Ich sage Ihnen jetzt, Commander Mason, dass der einzige, der das Leuchten erneuern kann, Tyr ist. Unsere Elektroastroginen haben uns darüber informiert, dass die Elemente, die zur Erzeugung neuer Leuchten erforderlich sind, nur auf den Planeten in der Nähe der großen Sonnen existieren. Bei jeder Expedition haben wir Die zu diesen Planeten geschickten Planeten starben an Hitze, bevor sie sie erreichten.

„Ein Mann könnte so eine Reise machen – Tyr."

Mason grinste sie an. „Du bist verrückt, Katha. Henker, wirf den Bolzen." Der Henker legte seine Hand auf den Hebel und drehte ihn um.

Tyr kletterte schnell auf den schwarzen Felsen. Hände und Füße tasteten und fanden Nischen in der rauen Oberfläche. Er ging immer weiter . Einmal stand er auf einem schmalen Felsvorsprung, reckte den Hals und starrte in die Schwärze, wo die Karborungsten- Kabel in ihre dunklen Öffnungen klafften. Er ging dorthin, zu den Kabeln und riss sie heraus. Er würde die Dynamos zerschlagen, und nichts konnte ihn aufhalten.

Er ging über die Lippe einer metallenen Kabelmündung, und seine Hände leuchteten hell in der Dunkelheit, als er die Drähte ergriff, zog und sie aus den geschweißten Fassungen riss. Er riss und brach mit seinen glühenden Händen, führte sie unter und über die Kabel und riss.

Während er zerstörte, ging er. Mit seinen Fäusten schlug er gegen eine Metallwand und zersplitterte sie. Er trat hindurch und ging auf die Dynamos zu, die sich langsam drehten. Einige von ihnen waren bereits zum Stillstand gekommen.

Tyr berührte die Motoren mit seinen Händen und beschwor die Energien seines Körpers. Das Metall zerbrach unter der Belastung dieser übermenschlichen Kraft. Gehäuse geplatzt und Lager zerknittert.

Tyr ging weiter.

Der Henker legte den Hebel um und nichts geschah. Katha lachte leise und in ihren dunklen Augen lag ein Licht, das Space Commander Sehnsucht weckte.

Sie flüsterte: „Er hat gewonnen!"

Mason brüllte: „Wirf die Hilfsmotoren um!"

Aber auch die Hilfsmotoren waren tot. Jetzt murmelten und flüsterten die *Ardth* -Männer untereinander, denn die unnatürliche Stille der Zitadelle hämmerte auf ihren Trommelfellen.

Auf der Steinplatte waren Schritte zu hören.

Etwas Großes und Helles überquerte die Straße des Weltraums und betrat den Platz. Es hatte die Form eines Mannes, aber sein leuchtendes Gelb war so strahlend, dass es in den Augen schmerzte, es zu sehen.

„Tyr!" schrie Katha.

Space Commander Mason schauderte und legte eine zitternde Hand auf seine Augen. Er wirkte kleiner und gebrechlich in seinem dunklen Umhang, als er vor dem Riesen stand, der auf ihn zukam. Seine Offiziere fielen von ihm ab, als Tyr herankam. Auf der einen Seite ließ sich ein Mädchen mit einer Smaragdkette fallen und lag zusammengekauert auf dem Boden.

Aus den Kehlen der gefesselten Tryllaner erklang ein Brüllen.

„Unser Gott ist gekommen, um Rache zu üben!"

„Gib nach, du *Ardth* ! Gib Tyr nach!"

„Sehen Sie, wie er in seiner Herrlichkeit erstrahlt!"

Zwanzig Fuß von Mason entfernt blieb Tyr stehen, aus Angst, dass die Hitze, die sein Körper ausstrahlte, den Mann in die Luft jagen würde.

„Befreie Katha und Zarman und die anderen", sagte der gelbe Riese.

Mason nickte.

„Halte dich von mir fern", warnte er Katha, als er sie vom Podium des Galgens sprang. „Ich bin immer noch überladen mit Energie. Es wird eine Weile nachlassen. Warte."

Tyr sah Mason an.

„ Zarman wird Gouverneur von Lyallar sein . Otho muss sterben. Fay – Fay wird wegen ihres Verrats verbannt. Lass sie die Smaragde behalten. Sie wird sterben, wenn wir sie ihr wegnehmen. Die Trylla werden in Frieden und Freundschaft mit den Erdvölkern leben . Es ist mein Befehl.“

Zarman trat vor und reichte Space Commander Mason seine Hand, der sie nachdenklich entgegennahm. Der Mann mit der Glatze warf sich auf Tyr zu.

„Dann ist es wahr, was Katha gesagt hat? Du *kannst* in die Nähe einer Sonne gehen? Das macht deinen Körper so?“

„Es füllt ihn mit Wärme und Licht. Und Wärme und Licht sind Energie. Mein Körper ist im Moment Energie. Später wird dieser Höhepunkt reiner Energie verblassen. Er wird wieder sein normales Aussehen annehmen. Aber möglicherweise ist es immer so, wie Sie sehen.“ es jetzt ... es braucht nur eine Sonne, um es so zu machen.

Katha blickte Mason über das Kopfsteinpflaster des Platzes hinweg an.

Sie sagte: „Ich habe dir gesagt, dass Tyr derjenige ist, der das Leuchten erneuern wird. Er würde nicht auf einem Planeten sterben, der nahe genug an der Sonne liegt, um die Elemente zu haben, die wir brauchen.“

„Das werde ich tun“, stimmte Tyr zu. „Ich bin nicht mehr der Gott der Trylla . Ich habe ihnen ihre Freiheit gebracht. Ich habe die Verantwortung erfüllt, die sie mir auferlegten, als sie mich zu ihrem Gott machten.“

„Mein Vater war *Ardth* . Ich bin auch *Ardth* . *Wenn ich den Ardth* retten kann , werde ich es tun.“

Er drehte sich zu Commander Mason um und sagte . „Und da ich ein *Ardth bin* , unterstehe ich Ihren Befehlen, Sir.“

Mason holte tief Luft, nahm seinen Hut ab und fuhr sich mit der Hand über seinen kahlen Kopf. Sein Gesicht verzog sich vor Erstaunen und verwandelte sich in ein schüchternes Lächeln.

„Mein Befehl, Tyr? Hmm. Das erste, was du tun solltest, ist – dich abzukühlen. Wenn du es dann sicher schaffst, nimm diese Frau Katha in deine Arme und küsse sie für ihren Glauben an dich! Danach.“ – du könntest darüber nachdenken, dich mit ihr zu paaren. Deine Kinder werden eine Fackel tragen, Tyr. Bis ans wahre Ende der Welt.“

www.ingramcontent.com/pod-product-compliance
Lightning Source LLC
LaVergne TN
LVHW041759190726
843493LV00008B/2705